슬라보예 지젝

입문자를 위한 철학

슬라보예 지젝

입문자를 위한 철학

김현강 지음 | **안스가 로렌츠** 그림 | **김현강·신성엽** 옮김

인간사랑

Slavoj Žižek, Philosophie für Einsteieger
by Hyun Kang Kim, Ansgar Lorenz

*이 번역은 2022년 대한민국 교육부와 한국연구재단의 지원을 받아 수행된 연구(NRF-2021S1A3A2A02096299)이다.

CONTENTS

류블랴나 도심 위 라이바흐 성

지젝, 아웃사이더

슬라보예 지젝은 1949년 슬로베니아 류블랴나에서 태어났다. 지젝은 철학을 전공했으며 1981년 독일 관념론에 관한 논문으로 박사학위를 받았다. 그 후 고향을 떠나 파리로 이주하여, 1981년부터 1985년까지 정신분석학자 자크-알랭 밀레르 연구소에서 두 번째 박사학위논문을 집필했다. 이 작업을 위해 지젝은 게오르크 빌헬름 프리드리히 헤겔(1770-1831), 칼 마르크스(1818-1883), 그리고 솔 에론 크립키(1940-)의 저작들을 자크 라캉(1901-1981)의 정신분석학적 관점에서 독해했다. 그의 독법은 라캉의 중요한 제자이자 사위이기도 한 지젝의 스승 밀레르의 마음에 들지 않았고, 밀레르는 지젝의 논문이 자신이 운영하는 저명한 출판사에서 출판되는 것을 거절했다. 이 실망스러운 경험 후에 지젝은 1980년대 말 슬로베니아로 돌아가 슬로베니아 라캉학파를 설립했다. 그 밖에 그는 학술적 이력을 계속 추구하는 대신 정치적으로 활동한다. 고향에서 그는 공산주의 정권에 맞서 민주주의적 저항을 위한 잘 알려진 플랫폼인 『믈라디나Mladina』지에 고정적으로 기고하였으며 슬로베니아 자유 민주주의 정당의 공동 설립자가 되었다. 1990년 슬로베니아에서 민주 선거가 처음 시행되었을 때 지젝은 네 명의 집단 대통령체제에 출마하였으나 5위에 머물러 고배를 마셨다. 그러나 그가 자유민주주의 정당에 후보로 출마한 것은 전략적 계산에 불과했다. 그는 투표를 통해 민족주의자들과 전-공산주의자들 사이의 보수적 동맹을 종식시키고자 했기 때문이다. 궁극적으로 그는 정치가는 아닌 철학자로 남았다. 하지만 지젝이 공식적 학술 환경에서 벗어나 활동한 사실은 그의 철학에 각인되어 있다. 이 때문에 지젝 철학은 남다르다.

MTV 철학자 또는 정치적 활동가?

지젝은 대중적이다. 그는 예외적일 만큼 자주 대중매체에 출현하는 까닭에 많은 이들이 그를 "MTV 철학자"라 부른다. 그는 먼저 할리우드 영화와 대중문화에 일가견이 있는 영화비평가이자 문화비평가로 알려졌다. 이것은 그가 동구권 출신이라는 것을 감안하면 놀라운 일이다. 구 유고슬라비아는 요시프 브로즈 티토Josip Broz Tito(1892-1980)의 독재 체제하에서 '보다 자유로운' 공산주의 국가들에 속했다. 당시 영화회사들은 상영하고자 하는 모든 영화의 사본을 그 지역의 대학 문서보관소에 제공해야 한다는 법령이 있었다. 류블랴나 대학에 소속된 지젝은 영화보관소에 접근해서 미국과 유럽의 수많은 영화들을 볼 수 있었다. 할리우드 영화에 대한 그의 지대한 관심은 공산당 이데올로기나 우파 민족주의를 통해 주조된 유고슬라비아 영화에 대한 그의 비판과도 직접적인 관련이 있다. 지젝은 그렇게 서구 대중문화의 전문가가 되었고, 거기에서 추후 그의 이론을 위해 충분한 예시들을 얻게 된다(예: DVD 3부작 지젝의 『기묘한 영화 강의*The Pervert's Guide to Cinema*』, 2006). 그러나 그는 후기에 들어서 정치에 더욱 몰두했고, 스스로를 정치적 활동가라고 칭한다. 전반적으로 말해 그의 사상은 정신분석학, 대중문화, 정치 사이에 놓여 있다고 볼 수 있다. 그러므로 지젝은 철학자이자 문화비평가이며, 동시에 정치 활동가이기도 하다.

삶으로서의 글쓰기

지젝은 열정의 작가이다. 사람들은 "슬라보예 지젝은 태어나 책을 쓰다가 죽을 것이다"라고 말한다. 그는 1989년부터 주로 영어로 저술활동을 했다. 그의 출판목록에는 70종 이상의 저서가 포함되어 지젝의 새로운 책이 시장에 나오지 않는 해는 없다고 할 수 있을 만하다. 글쓰기는 지젝에게 분명 청중에게 그의 사상을 전달하는 최고의 수단인 것이다. 그는 세계 전역에서 많은 강연을 했지만, 그는 대중과 가장 효과적으로 만나는 방법인 저술에 집중했다. 그는 철학과 라캉의 정신분석학 외에도 폭넓은 독자층을 확보하는 주제라 할 수 있는 영화, 문학, 대중문화, 정치, 종교, 오페라와 양자물리학을 다루기에 폭넓은 독자층을 확보하고 대중에게 영향력을 행사한다. 그래서 지젝은 우리 시대의 가장 생산적이고 중요한 철학자들에 속하며, 그의 영향력은 학문적인 영역을 훨씬 넘어선다.

실천으로서의 철학

다른 철학자들과 달리 지젝의 철학에서는 실천의 의미가 중심적이다. 그의 작업은 일반 이론뿐 아니라 구체적 분석과 정치 행위로의 실천적 적용을 포함한다. 지젝에게 철학은 단순히 이론을 위한 이론이 아니라, 실천을 위한 이론이자 이론의 실천, 즉 이론의 적용이라고 할 수 있다. 그는 철학을 이념의 하늘에서 '사실이라는 기반'으로 되돌려 놓는다. 이처럼 실천적 적용가능성이 그의 중심에 있으므로, 그는 결코 고전적 의미에서의 마르크스주의자가 아님에도 불구하고 결국 순수한 마르크스주의자라고 할 수 있다. 마르크스는 『포이어바흐에 대한 테제』(1888)에서 다음과 같은 유명한 문장을 쓴 바 있다: "철학자들은 세계를 단지 다양하게 해석했다. 하지만 중요한 것은 세계를 변화시키는 것이다." 이 문장은 라캉의 임상적 정신분석학을 통해 보완된 지젝 철학의 실마리로 파악될 수 있다. 왜냐하면 라캉에게 정신분석학은 궁극적으로 정신분석환자(정신분석 치료를 받는 사람들)의 치유를 목적으로 하기 때문이다. 지젝은 정신분석학의 범위를 개인에서 사회와 문화로 확장한다. 그러므로 지젝에게 철학은 사회에 급진적 변화를 가져올 수 있는 실천 형식인 것이다. 지젝에 의하면 사회는 근본적 적대관계, 즉 근원적 충돌을 기반으로 한다. 이 적대관계는 계급투쟁, 성 차이, 인종차별주의로 이루어진다. 지젝에게 사회의 총체성이란 사회의 참된 핵심에서 다른 데로 관심을 돌리는 가상일 뿐이며, 사실상 모든 사회는 내부로부터 균열되어 있다. 그래서 지젝은 우리를 사회의 적대적 본질에 주목하게끔 한다. 그러므로 계급투쟁, 성 차이, 인종차별주의에 관한 테마가 그의 사회 비판의 골격을 이룬다.

왼쪽부터 지그문트 프로이트(1856-1939), 슬라보예 지젝, 자크 라캉(1901-1981), 칼 마르크스(1818-1883)

보론: 칼 마르크스(1818–1883)

지젝이 자신의 저작에서 마르크스(왼쪽 그림)를 직접 언급하는 경우는 별로 없다. 그럼에도 지젝은 그의 철학을 위한 실천적 동기를 마르크스에게서 찾기 때문에 마르크스는 지젝에게 중심적인 참조인으로 자리한다. 지젝은 파리에서 스승 밀레르의 거절로 인해 두 번째 학술 경력에서 고배를 마신 후 원래 목표인 정의를 위한 정치적 투쟁으로 전향한다. 마르크스 또한 박사학위 후 정치적 이유로 학술 경력을 포기해야 했다. 처음에 마르크스는 언론인으로 쾰른과 파리에 거주했지만, 1845년 프랑스에서 추방되어 브뤼셀로 이주한다. 프리드리히 엥겔스(1820–1895, 아래 그림)와 함께 “공산당 선언”이라는 강령을 발표한 후 그는 벨기에에서도 추방되었다.

그는 독일에서 2년을 보낸 후 1851년 런던으로 망명하여 여생을 무국적자로 보냈다. 그는 가장 영향력 있는 공산주의 이론가로 간주된다. 그는 헤겔의 변증법적 사유를 받아들인 후 이를 거꾸로 뒤집어 물적 토대에 기반해 세계를 해석한다. 헤겔에게는 사유 과정이 현실의 창조자라면, 마르크스의 경우는 이와 달리 물적 존재가 의식을 규정하기 때문이다. 그러므로 마르크스는 그의 이론을 변증법적 유물론이라 부른다. 그 밖에도 그는 계급투쟁, 자본주의, 혁명, 계급 없는 사회인 공산주의에 관한 이론을 전개한다. 지젝은 마르크스의 이론을 대폭 수정했지만 이데올로기, 계급투쟁, 공산주의, 프롤레타리아 독재 같은 중심 주제를 다시 다룬다. 지젝은 마르크스처럼 자신의 철학을 변증법적 유물론이라 칭하고, 자신은 마르크스주의자라고 공공연히 고백한다.

왜 지젝은 농담을 하는가?

농담은 지젝의 글에서 중요한 요소이다. 그 이유에는 여러 가지가 있다. 첫째 이유는 그가 구 유고슬라비아 출신이라는 것이다. 표현의 자유가 없는 독재정권에서 흔히 그렇듯이, 옛 동구권 국가들에서는 농담이 일종의 배설구 역할을 하고 '자유로운' 의견 표명의 가능성을 제공할 수 있기에 많은 농담이 통용되었다. 둘째, 지젝은 정신분석학을 연구했고 위트는 정신분석에서 중요한 역할을 한다. 정신분석학 창시자인 지그문트 프로이트에 따르면 무의식적 메시지는 위트를 통해 전달된다. 꿈, 실수(예를 들어 잘 알려진 '프로이트적 실언'), 위트는 그에게 무의식에 대한 열쇠이다. 하지만 꿈이나 실수와 달리 위트는 화자, 청자, 상황을 통해 사회적 성분을 지니므로 무의식의 직접적 결과가 아니다. 셋째, 농담에서는 어떤 개인이 표현되는 것이 아니라 집단에서 일반적으로 통용되는 생각이 드러난다. 동구권 국가들에 널리 알려진 신화에 따르면 정권과 그 대표자들에 대한 정치적 농담을 고안해 이를 유포하는 부서가 비밀경찰 내부에 따로 있었다고 한다. 그들은 정치적 농담이 '화를 풀고' 환멸감을 해소한다는 사실을 알고 있었다는 것이다. 그러나 이 신화는 농담에 대한 결정적 특징을 간과하고 있는데, 그것은 농담에는 특정 저자가 없다는 것이다. 농담은 원래 '회자'되고 구두로 전승되므로 익명적이고 집단적이다. 지젝은 자신의 농담 속에서 집단의 무의식이 말하도록 한다. 넷째, 농담은 복잡한 이론을 간단하고 간결하게 밝히는 탁월한 가능성을 지닌다. 지젝은 적절한 설명모델로서의 농담의 이러한 잠재력을 인식했고, 이 개론서에서 분명해지듯이 꾸준히 이를 사용한다.

보론: 지그문트 프로이트(1856-1939)

지그문트 프로이트는 오스트리아의 신경학자이자 심층심리학자였다. 그는 정신분석학의 창시자이자 20세기 가장 영향력 있는 사상가 중 한 명이다. 그는 무의식, 초자아, 오이디푸스 콤플렉스 같은 개념을 창안했다. 그의 작업은 우리 인간상을 영속적으로 변화시켰다. 그는 "인간은 자기 자신의 주인이 아니다"라고 단언한 바 있다. 이러한 주장으로써 그는 자율적이고 자기 의식적 주체라고 각인되었던 인간상에 커다란 동요를 가져왔다. 그 대신에 그는 인간의 정신세계를 빙산에 비유한다. 빙산의 대부분은 해수면 아래 있으므로 눈에 보이지 않는다. 빙산과 마찬가지로 인간 정신의 대부분도 무의식으로 남아있다. 프로이트는 무의식을 이드Es(원초아), 의식적 자아를 에고Ich(자아), 규범과 도덕적 심급을 수퍼에고Über-Ich(초자아)라고 지칭한다. 이드는 충동, 욕구, 격정에 의해 제어되는 데 반해, 초자아는 도덕, 양심, 가치관 등을 일컫는다. 에고는 합리적 사고와 적절한 가치관을 통해 이드의 충동적 욕망과 초자아의 도덕적 요청을 중재하는 과제를 수행한다. 궁극적으로 에고는 우리가 우리의 충동을 통제하도록 중재해

야 한다. 하지만 에고에게 내적 갈등을 해결하는 일이 항상 성공하는 것은 아니다. 그래서 내적 투쟁은 꿈과 정신 질환에서 나타난다.

프랑스 철학자 폴 리쾨르(1913-2005)는 프로이트를 칼 마르크스와 프리드리히 니체와 더불어 현대 사회를 근본적으로 비판한 "혐의의 대가"라고 부른다. 마르크스가 부의 배후에 놓인 착취를 발견하고 니체는 도덕 배후의 권력을 규명했다면, 프로이트는 이성과 의식적 자아의 배후에서 본능을 발견했다. 그럼으로써 그들은 사회, 도덕, 이성에 대한 급진적 비판을 행사했다.

마르크스, 엥겔스, 레닌에게 묻다…

지젝은 혁명적 실천이 이론적 성찰과 분리될 수 없다는 자신의 의견을 구체적으로 보여주는 농담을 한다. 칼 마르크스, 프리드리히 엥겔스, 블라디미르 일리치 레닌은 각각 그들이 아내 혹은 연인 중 누구를 선호하는지 질문을 받았다. 사적인 사안에서 태도가 다소 보수적이었던 마르크스는 "아내"라고 답했다. 삶을 즐길 줄 알았던 엥겔스는 "연인"이라고 답했다. 놀라운 것은 레닌의 경우인데, 그는 "아내와 연인 둘 다"라고 답했다고 한다. 그가 과도한 성적 욕구를 좇는다고 생각할 수도 있지만, 결코 그렇지는 않다. 그가 의도한 것은 결국 다음과 같기 때문이다. "이렇게 하면 당신은 당신의 연인에게 아내와 함께 있다고 말할 수 있고, 아내에게는 당신이 연인을 방문한다고 말할 수 있지 않소." "그러면 당신은 실제로 무엇을 하는데요?" "외딴 장소로 가서 배우고 배우고 배우죠!" 소위 '현실사회주의'(동구권)에서 학생들은 레닌이 지칠 줄 모르는 독자였다고 배웠다. 레닌의 신조가 이 농담 속에 예기치 않은 맥락 속에서 사용된 것이다.

보론: 블라디미르 일리치 레닌(1870-1924)

러시아의 정치가이자 혁명가인 블라디미르 레닌은 지젝의 정치 철학을 위한 중요한 참조인 중 한 명이다. 역사적 사회주의와 역사적 인물인 레닌과 거리를 취한 많은 포스트마르크스주의 사상가들과 달리, 지젝은 레닌을 참조하기를 결코 포기하지 않았다. 레닌의 정치는 그가 엄격히 거리를 둔 스탈린주의와 달리 우리 시대와의 직접적 관련성을 잃지 않았다고 본 것이다. 그는 레닌의 유산이 새롭게 정의되어야 한다고 생각한다. 새로운 정의라는 것은 회귀나 반복이 아니라, 레닌은 죽었고 그의 정치적 해결책이 좌초된 사실을 받아들이지만 그 안에 깃든 유토피아적 불꽃을 점화하도록 불씨를 살려야 한다는 것이다. 지젝이 말하길, "오늘날 레닌의 유산을 다시 고안한다는 것은 진리의 정치를 새롭게 창조한다는 것을 의미한다." 그는 레닌이 혁명적 행위의 본질을 바르게 이해했다고 보기 때문이다. 혁명 전 러시아에서는 차르 군주제를 전복하는 혁명이 언제 봉기되어야 하는지에 대해 두 가지 상반된 입장이 있었다. 대다수의 마르크스주의자들은 혁명을 적당한 때가 오면 자동적으로 일어날 역사적 필연성으로 이해했다. 반면 레닌은 혁명을 자유의 행위로 파악하고 수동성으로는 결코 목표에 이를 수 없음을 의식하고 있었다. 그에게 혁명은 성공에 대한 보장이 없다 해도 기꺼이 "끝까지 가려는" 태도와 관련이 있었다. 실제로 러시아 제국은 1917년 2월 혁명으로 전복되었다. 얼마 지나지 않아 레닌과 공산당은 10월 혁명에서 무력으로 러시아를 장악했다.

헤겔의 변증법

변증법을 위시한 게오르크 빌헬름 프리드리히 헤겔(1770-1831)의 철학적 성찰은 지젝의 사유에서 탁월한 지위를 차지한다. 이는 (헤겔이 '테제'라 부른) 사태의 정립은 항상 동시적으로 (헤겔이 '안티테제'라 칭한) 사태의 부정을 내포한다는 가정에 기초한다. 두 논제의 결합을 통해 비로소 인식에 이르게 된다. 사태의 정립과 부정은 개별명제로 해체되고 결합하여 더 큰 관련성에 놓이게 될 때 인식이 가능해지는 것이다(헤겔의 용어로는 '진테제'라 불림). 변증법적 3단계를 통해 헤겔은 모순 논리를 통해서만 추진되는 인식 과정의 움직임을 규명한다. 헤겔에게 변증법은 인식도구일 뿐 아니라 존재의 일반적 합목적성으로 확장될 수 있다. 그러므로 변증법은 단지 인식론일 뿐 아니라 이론철학의 분야로 현실의 문제를 다루는 존재론에 관한 것이기도 하다.

테제 (정립)

단순화되어 제시됨: 먼저 식물의 씨앗이 필요하다.

안티테제 (부정)

씨앗은 식물이 성장하면 파괴, 즉 부정된다.

진테제 (종합)

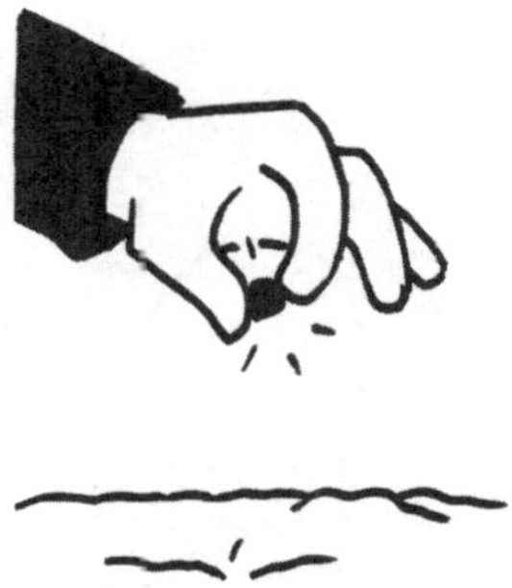

발전과정은 다시금 새로운 종자를 산출한다. 부정이 부정된다.

헤겔의 종합 개념은 일반적으로 모순의 합병과 지양이라고 이해된다. 그러나 지젝에게 있어 테제와 안티테제의 지양은 단순히 소멸되는 것이 아니라 모순의 보존을 의미한다. 이런 방식으로 헤겔을 읽으면, 그가 절대성의 사상가가 아니라 모순 없는 절대성은 존재하지 않는다는 것을 인식한 사상가임을 알 수 있다. 절대성은 헤겔에게 유한한 것의 자기지양적 움직임으로, 반성적 사고 자체에 해당한다. 사태에 대한 실제적 인식은 그 대립의 소멸에 있지 않고 바로 명제들의 모순에 놓여 있다. 따라서 지젝에게 헤겔의 변증법은 화해적이고 통합적인 관점과는 아무런 관련이 없다. 한 사태를 이루는 것은 일치가 아니라 모순이기 때문이다.

성관계-편두통-차 마시기

지젝에 의하면 헤겔 변증법(테제-안티테제-종합)의 논리는 "섹스와 편두통"의 예로 완벽하게 이해될 수 있다. 그는 잘 알려진 상투적인 장면으로 시작한다. 한 남자가 아내와 섹스를 원하고 아내가 대답한다. "미안해, 여보, 나 편두통이 너무 심해. 지금은 안 되겠어." 지젝에 의하면 여성의 반응은 페미니즘 운동의 부상과 함께 부정되고 전도된다. 이제는 남편과 섹스를 원하는 사람은 아내이고, "미안해, 여보, 편두통이 심하거든"이라고 답하는 이는 남편이다. 세 번째 변주의 예는, 부정이 이제 부정되고(여성은 편두통을 남편과의 섹스에 반대하는 논거로 사용한다), 여성은 자신의 편두통을 섹스를 위한 논거로 만듦으로써 전체 논리의 전도를 통해 나타날 수 있다: "여보, 나 편두통이 끔찍해. 기분 전환으로 섹스나 하자!"

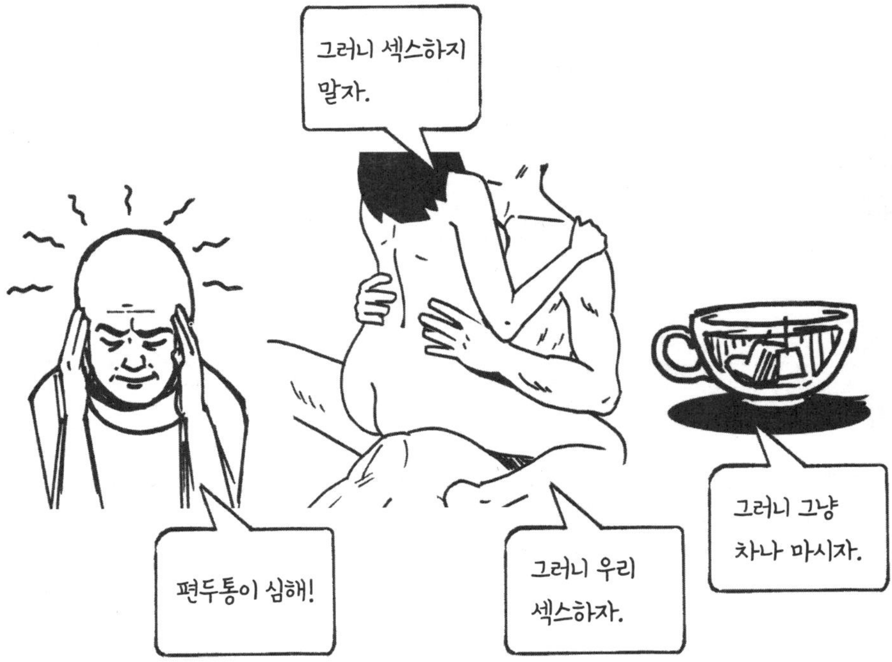

네 번째 변주는 두 번째 버전과 세 번째 버전 사이의 급진적 부정성의 우울한 버전이다. 남자와 여자는 둘 다 편두통이 있고 단지 차 한잔하자는 데 동의한다. 이 네 번째 버전이 지젝의 변증법 이해에 가장 가깝다. 여기서 그들은 화해를 통한 종합에 이르지 않고 환원불가능한 모순 속에, 즉 상반된 두 관점의 급진적 부정(편두통) 속에 종합이 존재하기 때문이다. 여기에서 핵심은 두 사람(남편과 아내)이 최종적인 화해(섹스) 없이도 잘 지낸다(그리고 차를 마신다)는 것이다. 이 경우 절대성은 함께 차 한 잔 마시는 것이 그들에게는 최선이라는 두 사람의 인식인 것이다.

좋은 소식이 나쁜 소식

헤겔의 진테제를 더 자세히 설명하기 위해 지젝은 두 가지 의사 농담을 소개한다. 첫 번째 농담에서 핵심은 궁극적으로, 어떤 관점에서 보느냐에 따라 나쁜 소식이 좋은 소식일 수 있다는 것이다. 의사는 환자에게 나쁜 소식과 좋은 소식을 각각 전한다: "나쁜 소식은 당신이 중증 알츠하이머병에 걸렸다는 것을 저희가 발견했다는 것입니다. 좋은 소식도 동일 뉴스입니다. 당신은 알츠하이머 환자이고 집으로 돌아가시면 이 나쁜 소식을 잊게 됩니다." 두 번째 농담에서 핵심은 좋은 소식이 실제로 좋지만 완전히 다른 주제와 관련된다는 것이다. "나쁜 소식은 당신이 치유할 수 없는 암이 있고 한 달 안에 죽으리라는 것입니다. 좋은 소식은 저기 젊고 아름다운 간호사가 보이시나요? 저는 몇 달 동안 그녀와 함께 자보려고 애썼습니다. 마침내 어제 그녀가 수락했고 저희는 너무나 좋은 밤을 보냈습니다." 지젝에게는 두 경우의 조합이 실제적인 진테제이다. 좋은 소식은 곧 나쁜 소식이다. 그러나 우리가 그것을 이해하기 위해서는 타자로 변해야 한다. 즉, 암 환자에서 행복한 의사로, 개인으로서의 예수 그리스도에서 신자들의 공동체로. 후자의 예에서 나쁜 소식은 예수 그리스도의 죽음이다. 좋은 소식은 기독교 내부에서 그의 죽음이 믿음의 공동체를 위해 구원의 가능성을 의미한다는 것이다. 개인으로서 예수 그리스도를 위한 나쁜 소식이 역으로 그를 믿는 자들의 공동체를 위해서는 긍정적 메시지가 된다.

라캉의 정신분석학

헤겔 철학 외에 라캉의 정신분석학은 지젝의 사유에 중요한 의미를 지닌다. 라캉주의 정신분석학에 대한 지젝의 해석과 지속적 전개는 상당히 비정통적이다. 왜냐하면 그는 라캉을 포스트구조주의자가 아니라 탁월한 정치 사상가로 보기 때문이다. 라캉은 우선 프로이트의 임상적 정신분석학을 일반적 철학 범주로 변환하고, 생물학적·물리적 토대에서 출발하는 프로이트와는 달리 언어학을 이론적 토대로 삼는다. 이로써 그는 정신분석학의 '언어학적 전회'를 유도한다. 그러므로 중반기까지 그의 연구는 포스트구조주의의 문화적 맥락에 편입될 수 있다. 후반기에 이르러 그는 포스트구조주의(아래에서 더 자세히 설명)와 거리를 두고 실재의 의미를 중심 범주로 내세운다. 지젝이 이해하기에 라캉은 실재의 사상가이다. 그는 상상계, 상징계, 실재계로 인간 심리를 구분한 라캉의 분석 및 '대상 *a*', '죽음충동', '징환', '향락' 같은 개념들을 받아들여 자신의 고유한 용어 중 일부로 사용한다. 지젝에 대한 라캉의 영향은 매우 커서 실재, 주체 자체와 같은 개념들 자체가 지젝 철학의 중심 테마가 된다.

보론: 언어학적 전회

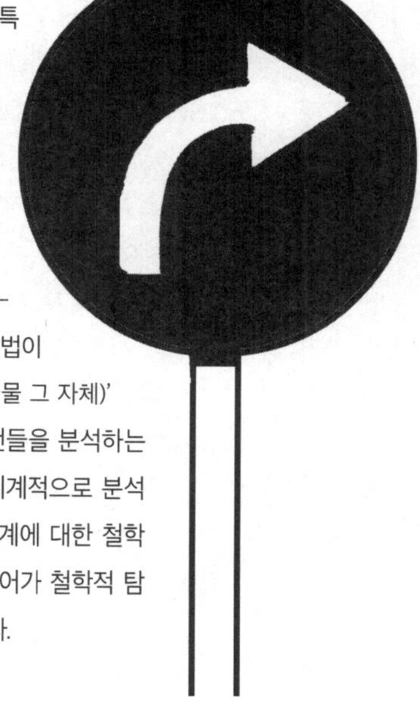

언어학적 전회 내지 언어적 전회는 20세기 인문학에 대두된 학문적 전회를 일컬으며, 그 이전에 비해 언어에 더 중점을 두는 것이 특징이다. 미국 철학자 리처드 로티(1931-2007)가 그의 선집 『언어학적 전회. 철학적 방법의 에세이』(1967)에서 이 개념을 유명하게 만들었다. 하지만 언어학적 전회는 1950년대 구스타프 베르크만(1906-1987)이 철학적 방법을 위해 이미 사용한 개념으로, 분석철학의 대변자들인 고트로프 프레게(1848-1925), 버트런드 러셀(1872-1970), 조지 에드워드 모어(1873-1958)와 루드비히 비트겐슈타인(1889-1951)에 의해 도입된 방법이었다. 그들의 견해에 따르면 철학의 과제는 더 이상 '물 자체(사물 그 자체)'를 연구하는 것이 아니라 사물이 어떻게 말하는지 언어적 조건들을 분석하는 것이다. 따라서 그들은 언어를 체계적으로 분석하고 정확한 언어를 매개로 세계에 대한 철학적 진술을 다루고자 했다. 언어가 철학적 탐구의 주요 대상이 된 것이다.

보다 좁은 의미에서 언어학적 전회는 인문학에 나타난 언어학적 전회의 지속을 뜻한다. 언어학적 전회의 옹호론자들은 모든 인간의 인식이 언어를 통해 구성된다는 데서 출발한다. 그러므로 그들에게는 언어 저편의 현실이란 존재하지 않는다. 언어는 전달의 중립적 매체로 머물지 않고, 현실을 단지 모사하는 것이 아니라 동시에 현실을 형성하는 담론으로 간주된다. 인문학에서 언어학적 전회는 구조주의와 포스트구조주의를 통해 결정적 영향을 받았다. 제네바의 언어학자 페르디낭 드 소쉬르(1857-1913, 왼쪽 그림)는 현대 언어학의 창시자이며, 따라서 언어학적 전회와 구조주의의 선구자이기도 하다.

상상계, 상징계, 실재계

라캉의 정신분석학은 상상계, 상징계, 실재계라는 삼원론적 모델을 기반으로 한다. 이 모델은 인간 주체에 결정적 영향을 미치는 존재의 세 가지 질서를 설명한다. 라캉은 상상계에 대한 이론을 1936년 이른바 거울단계에 대한 그의 연구에서 처음으로 선보였다. 라캉은 6-18개월 사이의 유아 발달단계를 거울단계라고 부른다. 이때의 아이들은 자신들의 거울상을 인식하고 이를 자신과 동일시하는 상태에 있다. 유아는 나중에야 온전히 주조될 하나의 발전단계인, 거울에 비친 상과의 동일시를 통해 비로소 자신의 몸을 통제할 수 있게 된다. 이 발전단계는 나중에야 완결된다. 라캉은 시각적 거울상과 체감된 몸을 동일시하는 이러한 과도기적 단계를 상상계라고 부른다.

1950년대 초 이 범주는 상징계 범주를 통해 보완된다. 상징계는 상상계의 극복에 해당하며, 라캉이 사회적 질서를 위한 가장 중요한 초석으로 이해한 언어의 형식으로 나타난다. 주체(유아)는 말하기를 배우고 언어 사회에 참여할 때 비로소 상상계의 단계에서 더 발전해 나갈 수 있다. 라캉은 상징계 개념으로 인간에게 출생부터 이를테면 가족과 환경을 통해 영향을 미치는 사회적·언어적 구조를 설명한다. 라캉은 인간 심리의 이러한 중간 발전단계에 대해 이제 이미지와의 동일시와는 다른 차원의 동일화, 즉 언어적 요소와의 상징적 동일시가 발생한다고 강조한다.

라캉의 삼원론적 모델은 1953년 실재계 범주를 통해 보완된다. 상상계가 이미지의 형태로, 상징계가 언어의 형태로 나타나는 데 반해, 실재계는 상상적이지도 않고 상징적이지도 않은 것, 상징화에서 벗어나며 그렇기 때문에 언어질서에서 배제된 것과 관계가 있다. 예를 들어 공포와 트라우마가 실재계에 해당된다. 이러한 실재계 범주는 지젝 철학에서 핵심적인 역할을 한다.

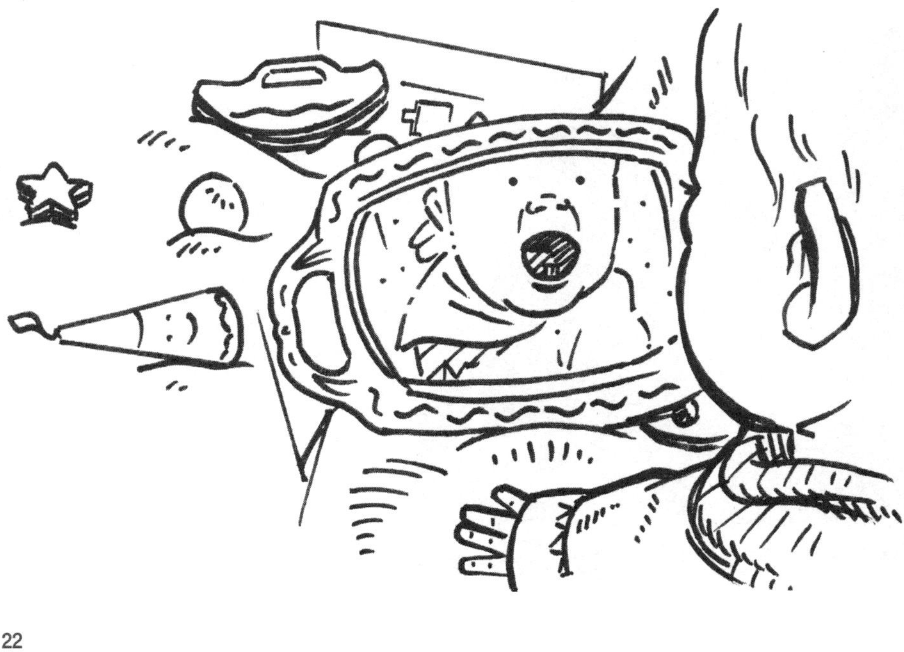

대상 *a*(오브제 *a*)

지젝은 '대상 *a*'(프랑스어로 '*objet petit a*')를 비롯한 라캉의 정신분석학 개념을 자주 사용한다. 라캉은 1955년 이 개념을 처음 사용한 이후 항상 동일한 방식으로 소문자와 이탤릭체를 사용해 *a*로 표기하는데, 그 이유는 대상 *a*가 소타자를 뜻하기 때문이다. 라캉에게는 대문자 A를 쓰는 대타자도 있기 때문에 철자법의 구분은 중요하다. 대타자는 근본적인 타자성(이질성)으로서의 상징적 질서를 뜻한다. 대타자와 달리 소타자는 '자아'와 본질적으로 연결되어 있으므로 '타자'가 아니다. 다시 말해 철자 *a*는 '나'를 의미하는 동시에 나의 거울상을 의미하며, 이 둘은 모두 상상계에 속한다.

대상 *a*는 라캉의 사유에서 여러 번 의미가 변화한다. 1957년 라캉은 욕망의 상상적 대상이라는 의미에서 대상 *a*를 사용하는데 욕망 개념은 라캉과 마찬가지로 지젝의 경우 후기에 이를수록 더욱 중심적인 역할을 하게 된다. 1960년 라캉은 대상 *a*를 우리가 타자에게서 구하는 욕망의 대상이라고 설명한다. 1963년부터 대상 *a*는 그의 잘 알려진 삼원론에서 실재계를 대변한다. 그것은 욕망을 추동하는 대상이며, 욕망의 근원이다. 대상 *a*는 불안의 대상이자 리비도(성적 에너지)의 마지막 저장고인 것이다. 그 밖에도 라캉은 대상 *a*를 상징계 내에서 표현되지 않는 잉여로 정의한다. 이러한 잉여는 의미의 부가가치이자 쾌락의 부가가치이다. 대상 *a*는 항상 욕망을 통해 왜곡되어 감지되며, 따라서 이 왜곡 속에서만 존재한다. 우리는 욕망을 통해서만 현실을 지각할 수 있으므로, 우리에게 '객관적' 현실이란 영구히 접근 불가능하다. 그러므로 라캉은 우리는 단지 주관적으로 왜곡된 현실에 관여할 뿐이라고 말한다.

징후와 징환

의학에서 징후(증상)는 질병의 지각 가능한 발현을 의미한다. 이로써 이 개념의 근저에는 외관(질병의 가시적 기호)과 심층('비가시적' 질병) 사이의 차이가 존재한다. 라캉의 이론에는 징후와 구조 간에 유사한 구분이 등장한다. 그러나 심층 개념과 달리 구조는 징후처럼 표면에서 눈에 띌 수 있다. 정신분석학의 목적은 단순히 표면적 징후를 치유하는 것이 아니라 노이로제(경미한 정신질환)나 정신병(중증 정신질환)과 같은 임상 구조를 분석하는 것이기 때문이다. 정신분석학은 한 신경증적 증상이 사라지면 이내 다른 증상으로 대체된다고 본다. 이미 프로이트가 신경증적 증상을 무의식의 형성과 관련 지은 바 있다. 라캉은 거기에서 한 단계 더 나아가 징후와 언어 사이의 연관성을 밝힌다. 징후는 언어처럼 구조화되어 있으며, 기표(잘 알려진 소쉬르의 기호모델에 따른 개념. 이에 관해서는 추후 자세히 설명), 의미 또는 은유로 기능한다. 그래서 라캉에 의하면 징후는 주체가 실재계에서 온 메시지라고 생각하는, 일종의 코드화된 의미이다. 그러나 1962년부터 라캉은 징후 개념을 근본적으로 수정한다. 징후는 이제 더 이상 언어적 의미를 뜻하지 않고, 대신 해석 불가능한 순수한 향락을 뜻한다. 1975년부터 라캉은 징후symptom 대신 '징환sinthom'이라는 개념을 사용한다. 징환은 상징화에 저항하는 향락의 중핵을 의미한다. 따라서 징환은 언어처럼 구조화되지 않으며 이로 인해 해독될 수도 없다. 반대로 징환은 의미 너머에 있다. 그러므로 정신분석학의 목적은 징후의 치유도 임상구조의 분석도 아닌 징환과의 동일시라고 할 수 있다. 이에 대한 지젝의 잘 알려진 책으로는 『네 징후를 너 자신처럼 사랑하라』(1991)가 있다.

향락과 죽음충동

1960년부터 라캉은 '향락'과 '쾌락' 개념을 상호 대립시킨다. 라캉에 의하면 향락과 쾌락은 함께 속하지 않는다. 반대로 쾌락원칙은 향락을 제한하는 역할을 한다. 그것은 "최대한 적게 즐기라"라고 주체에게 명령하는 법칙이다. 반면에 주체는 규칙(쾌락원칙)을 넘어서려 한다. 그러나 결과는 더 이상 쾌락이 아니라 고통이다. 주체는 어느 정도까지의 쾌락만 견딜 수 있기 때문이다. 예를 들어 술을 너무 즐겨서 한없이 술을 마시면 다음에 오는 것은 더 이상 쾌락이 아니라 고통(메스꺼움과 두통)이다. 용량을 초과하면 쾌락은 고통이 되는 것이다. 라캉은 이 '고통스러운 쾌락'을 '향락(불어로 '주이상스jouissance')'이라 칭한다. 즉, "향락은 고통이다." 향락의 금지가 바로 위반의 욕망을 창출해내는 것이다. 금지가 없다면 그 어떤 위반도 존재하지 않을 것이다.

라캉에 따르면 '죽음충동'은 쾌락원칙을 넘어 과도한 향락으로 향하는 욕망을 의미한다. 라캉에게 향락은 "죽음에 이르는 길"이다. 죽음충동 개념은 프로이트에 의해 도입되었다. 프로이트는 삶에의 충동(에로스)과 죽음에의 충동(타나토스)을 대립적으로 파악하고, 죽음충동을 파괴적이고 삶에 적대적인 힘으로 정의한다. 라캉에게 있어서도 죽음충동은 중심 개념이다. 그는 죽음충동을 처음에는 상상계와 연계시키고, 그 다음에는 상징계와 연계시킨다. 라캉은 죽음충동을 상징계에 위치시킴으로써 이 개념을 문화와 연결시킨다. 그러므로 라캉에게 죽음충동은 생물학적 개념이 아니라 문화의 일부이다. 나아가 라캉은 죽음충동은 특수한 충동이 아니라 모든 충동들에 공통되는 한 측면이라고 주장한다. 그는 "모든 충동은 원래 죽음충동이다"라고 말한다. 이것은 모든 충동은 자신의 소멸에 이르고자 하며, 쾌락원칙을 넘어 향락의 영역에 도달하고자 한다는 뜻이다.

타자의 욕망

라캉은 "사람의 욕망은 타자의 욕망이다"라고 단언한다. 욕망은 라캉 정신분석학의 중심적 개념이다. 그의 중심 테제에 따르면, "인간 존재는 욕망이다." 여기서 그가 의미하는 욕망은 모종의 욕망이 아니라 무의식적이고 전적으로 육체적인 성적 욕망이다. 정신분석학의 본래 목적은 분석대상자로 하여금 그의 욕망에 대한 진실을 인식하도록 하는 것이다. 그러나 욕망은 언어를 통해 표현될 때에만 인식 가능하다. 라캉은 욕망이 언어능력과 결부되어 있다는 전제 하에서 말하기 전까지 욕망은 결코 완전히 존재할 수 없다고 결론을 내린다. 분석대상자가 그의 욕망을 표현할 때 비로소 그는 욕망을 생산하는 것이다. 라캉은 이때 언어는 분석대상자의 욕망에 대한 진실을 온전히 표현해내지 못하므로 욕망의 언어적 표현은 제한되어 있다고 본다. 항상 '말하지 못한' 나머지가 남는다는 것이다.

"타자의 욕망"은 여기에서 다양한 의미로 해석될 수 있다. 이 말이 뜻하는 바는 욕망은 타자의 '욕망의 대상'이고자 하는 욕망이라는 뜻일 수 있다. 이것은 또한 욕망이란 것이 본질적으로 타자로부터 인정받고자 하는 욕구라는 의미일 수도 있다. 나아가 이것은 주체는 타자의 관점에서 욕망하며 그럼으로써 주체는 타자가 욕망하는 것을 욕망한다는 의미일 수도 있다. 또는 이것은 주체의 욕망이 타자의 욕망, 즉 무의식적 욕망임을 의미할 수도 있다. 아울러 라캉의 욕망 개념에서 핵심적인 것은 그가 욕망을 생물학적 특성이 아닌 사회의 산물로 이해한다는 것이다. 따라서 욕망은 언제나 이미 다른 주체들의 욕망에 근거를 둔다. 지젝 또한 욕망을 우리 사회의 작동방식을 이해하기 위해 분석해야 할 기본적 요소로 파악한다. 우리는 타자들이 욕망한다고 여기기 때문에 우리는 집, 자동차, 스마트폰 등을 욕망하는 게 아닌가?

욕망과 충동

지젝의 철학에서 '욕망'과 '충동' 사이의 대립은 중요한 의미를 지닌다. 지젝은 욕망을 잃어버린 대상에 대한 동경으로 보는 반면, 충동은 손실 자체를 즉시 보상받으려는 직접적 갈망으로 해석한다. 그러나 라캉에 따르면 충동은 특정 대상을 목표로 삼는 것이 아니라 오히려 이 대상의 주변을 맴돈다. 충동의 목표는 직접적 욕구충족(쾌락원칙)이 아니라, 영원한 순환인 것이다. 이러한 충동의 순환은 쾌락원리를 넘어서고자 하는 주체에게 주어진 유일한 가능성이다. 지젝에게 충동은 주체 내부의 부정성을 구현하는데, 그 부정성은 합리성의 경계를 넘어서며 욕망과는 반대로 쾌락을 넘어 고통스러운 향락에 도달하는 것을 목표로 한다. 나아가 지젝은 후기자본주의 경제가 끝없는 욕망의 생산에 기반하고 있다고 본다. 후기자본주의 경제는 우리에게 잘못된 욕구를 끊임없이 일깨움으로써 유지된다는 것이다. 지젝에게 정신분석학은 우리를 욕망의 영구적 생산으로부터 죽음충동으로 이끌고 그럼으로써 욕망의 영원한 순환을 급진적으로 타파할 수 있는 유일한 담론이다. 주체는 욕망의 경제에서 항상 원하는 대상을 획득하는 데 실패한다. 반면 그는 충동을 통해 좌절 자체를 즐긴다. 지젝은 궁극적으로 자신의 개념들을 라캉의 범주로 분류한다. 그에게 욕망이 상징계의 일부라면 충동은 실재계에 속한다. 그러므로 지젝의 급진적 좌파 정치를 이해하기 위해서는 충동 개념이 핵심적 의미를 지닌다.

라캉과 포스트구조주의

라캉은 일반적으로 포스트구조주의에 속하는 것으로 분류된다. 하지만 지젝에게 라캉의 이론은 포스트구조주의자와 엄밀히 구분된다. 포스트구조주의는 언어의 근본적으로 수사적인 특성에서 출발하며, 언어는 설명된 사태의 진리를 결코 표현할 수 없으므로 단지 은유적이라고 주장한다. 포스트구조주의는 여기에서 진실을 은유라고 파악하는 프리드리히 니체의 사유 전통을 따른다. 니체 철학에서 진리는 더 이상 언어와 대상 간의 통일을 의미하지 않는다. 진리는 단지 담론의 문체적 효과에 지나지 않는다. 그에 따르면 진리는 없고 단지 수사적으로 생산된 진리 효과만이 존재한다. 그러므로 포스트구조주의자들에게 언어는 객관적 현실을 지시하는 투명한 매체가 결코 아니다. 라캉에게도 언어와 대상 간의 직접적 관계는 없다. 언어는 '객관적' 현실을 직접 지시하는 것이 아니라 그가 '대상 a'라 부르는 언어 외적 대상을 지시한다. 그럼으로써 언어는 '대상 a'에 구체화된 실재계와 관련한다. 라캉에게 실재계는 항상 왜곡되어 지각되는 진리의 또 다른 명칭이다. 니체적, 포스트구조주의적 관점과 달리 라캉은 수사적 효과로 제한될 수 없는 진리 개념을 주장한다. 라캉에게 정신분석학은 바로 진리의 환원 불가능한 경험이다. 그에게 진리는 비록 객관적이지는 않지만, 그럼에도 실재에 근거를 둔다. 우리는 실재를 언제나 왜곡된 방식으로 지각하기 때문에, 객관적 혹은 일반적 진리에 대해 말할 수는 없다. 그럼에도 라캉과 지젝에게서 진리는 주관적이거나 상대적인 것 이상이다. 진리에는 우리 실존의 물질적 토대가 반영되기 때문이다. 그래서 진리는 실재의 위상을 지닌다.

보론: 구조주의와 포스트구조주의

포스트구조주의는 1960년대 이후 구조주의의 수정에서 전개된 여러 이론들을 통칭하는 용어이다. 구조주의의 가장 중요한 대표자로는 페르디낭 드 소쉬르(1857-1913), 로만 야콥슨(1896-1982), 클로드 레비스트로스(1908-2009) 등이 있다. 구조주의는 언어가 사고의 필수 조건이며 언어를 통해 모든 인식이 구조화된다는 언어학적 전회를 받아들임으로써 출발한다. 구조주의에서 언어는 기호의 규칙체계로서, 보편적으로 적용가능한 패러다임이 된다. 여기에서 구조주의 분석을 위한 모델을 제공하는 것은 소쉬르의 기호이론이다. 기호는 기의(표상Vorstellung), 기표(음성Lautbild), 지시 대상(객체Objekt)으로, 달리 말해 표상(의미Bedeutung), 소리 이미지(음향Klang), 객체(대상Gegenstand 또는 지시관계Referenz)로 이루어진다. 소쉬르의 기호체계에서 기의(기호의 의미)는 기표(기호의 발음)보다 더 높게 평가된다. 이러한 위계적 관계는 특히 롤랑 바르트(1915-1980), 장 보드리야르(1929-2007), 질 들뢰즈(1925-1995), 자크 데리다(1930-2007), 미셸 푸코(1926-1984), 자크 라캉에 의해 대변되는 포스트구조주의에 의한 비판과 수정의 출발점이 된다. 포스트구조주의자들의 이론적 단초의 핵심에 놓여있는 것은 무엇보다도 인본주의에 반하는, 주체 개념의 수정이다. 즉, 포스트구조주의의 주체는 기호의 산물로 파악된다. 여기서 주체는 언어 내지는 문화를 통해 생성된다. 그에 따르면 현실 또한 언어와 다른 매체를 통해 생성되며, 따라서 허구적이다. 구조주의는 전체와 부분들 간의 논리적 관련성에서 출발하며, 다양한 표층구조들에서 심층구조를 추상화하고 여기서 일반적 의미를 도출하고자 한다. 그에 반해 포스트구조주의는 표층과 심층 간을 그렇게 구분하는 것이 불가능하다는 것을 보여주고자 하며, 모든 층위들이 균등하게 중요하다고 주장한다.

보론: 포스트모더니즘

근대 이후의 문화사적 시기는 탈근대, 즉 포스트모더니즘이라 칭해진다. 포스트모더니즘의 출발점은 1960년대 미국과 유럽에서의 예술적, 정치적 격변기이다. 플럭서스, 해프닝, 퍼포먼스, 존 케이지(1912-1992)의 음악, 1968년 오월 혁명 등이 그러한 변혁기에 해당한다. 접두사 '포스트'는 '이후'와 '반하여'라는 두 가지 의미를 동시에 지닌다. 그러므로 포스트모더니즘은 근대의 지속이자 급진화(근대 이후) 또는 근대와의 단절(근대에 반하여)로 이해될 수 있다. 이처럼 포스트모더니즘이란 개념은 두 가지 의미를 모두 지닌다. 포스트모더니즘은 근대에 형성된 인식 위기와 재현 위기의 연속으로 이해되는 한편, 근대의 엘리트적 예술이해 및 진리 개념과의 단절을 표현하기도 한다. 포스트모더니즘에서는 고급문화와 대중문화가 맞물리고, 다원성과 다양성이 대두되며 소수 및 하위문화가 지배적인 사회 규범에 문제를 제기한다. 포스트모더니즘에 대한 지젝의 입장은 양가적이다. 지젝은 분명 근대성에 속한다고 볼 수 있는 마르크스주의와 자신을 연관지으며 포스트모더니즘의 다원성으로부터 엄밀히 거리를 취한다. 포스트모더니즘과 달리 그는 주체를 자신의 성찰의 중심에 둔다. 그렇지만 고급문화와 대중문화 사이의 간격을 극복하려는 그의 접근방식은 포스트모더니즘에 가깝다. 결국 그의 철학적 견해는 근대성과 포스트모더니즘 사이의 제3의 길로 이해될 수 있다.

보론: 포스트마르크스주의

포스트마르크스주의는 1970년대 말 (루이 알튀세르, 미셸 푸코, 질 들뢰즈 등의) 프랑스 철학 연구를 계승한다. 그것은 전통적 마르크스주의를 비판적으로 바라본 입장이지만, 그럼에도 핵심적 논점들에서 마르크스 철학과 관련을 맺는다. 포스트마르크스주의는 우선 독자적 철학 학파 또는 사고 유파를 지칭하는 것이 아니라, 포스트구조주의의 주변부에서 발전했고 마르크스 철학과 관련을 맺는 다양한 사회비판 이론들을 뜻한다. 그러한 관련성에도 불구하고 포스트마르크스주의자들의 입장은 고전적 마르크스주의와 다르다. 왜냐하면 그들이 마르크스에 대한 통일된 해석을 하고 있지는 않지만, 마르크스와 그의 사회이론 사상을 새롭게 해석할 필요가 있다는 데는 동의하고 있기 때문이다. 특히 그들은 마르크스주의적 토대-상부 도식을 비판한다. 다르크스에 따르면 '상부구조'(국가, 문화, 가치관 등)는 기초를 이루는 경제적 '토대'(사회의 물질적, 경제적 상태)와 연결되어 있다. 사회적 존재가 의식을 규정한다는 마르크스의 유명한 논제는, 물질적 토대가 비물질적 상부구조를 결정한다는 의미로 이해되어 왔다. 그러나 마르크스는 사실상 존재와 의식 간의 상호작용을 강조하고, 의식 또한 존재를 변화시킬 수 있다는 것을 인정한다. 하지만 그에게 주체의 이러한 자유는 물질적 조건에 결부되어 있다. 그렇지만 포스트마르크스주의자들은 마르크스주의의 고정된 상에서 출발하여, 경제에서 의미, 담론, 욕망, 소망 등의 생산으로 이행할 것을 주장한다. 그 밖에도 그들은 혁명적 주체라는 전제와 프롤레타리아적 혁명의 관념을 포기한다. 동시대 철학가인 알랭 바디우(1937-), 에띠엔 발리바르(1942-), 에르네스토 라클라우(1935-2014), 샹탈 무페(1943-), 안토니오 네그리(1933-), 자크 랑시에르(1940-) 등이 포스트마르크스주의자에 속한다고 볼 수 있다.

포스트모더니즘과 포스트마르크스주의 비판

지젝은 종종 포스트모더니즘이나 포스트마르크스주의에 속한다고 분류되지만 사실 그는 두 가지 철학 조류에 대해 비판적이라고 말할 수 있다. 두 조류가 차이와 다원주의(다원성)의 입장을 강조하는 반면, 지젝의 고유한 철학적 접근은 이 두 개념에 기반하는 게 아니라 반대로 보편주의 원칙에 기반한다. 보편주의는 존재하는 모든 것이 하나의 근본적 원칙에 기반한다고 본다. 그에 비해 다원주의가 표명하는 것은 현실이 수많은 독자적 원칙들로 구성되며, 이 원칙들의 기초가 되는 그 어떤 공통적인 근본원칙이 존재하지 않는다는 것이다. 그럼으로써 다원주의는 사회 내부의 다양한 관심사와 존재방식의 다양성과 공존을 인정한다. 다원주의는 종종 상대주의와 함께 나타난다. 상대주의 또한 보편타당한 진리에 기초하지 않고, 인식의 획득에 이르기 위해서는 다양한 것들이 상호 규정해야 한다는 사실에서 출발한다. 지젝에 의하면 여기에 포스트모더니즘의 핵심 문제가 있다. 포스트모더니즘의 이론가들처럼 한 사회에서 다수의 대등한 차원들이 있다고 가정한다면 궁극적으로 하나의 원칙 혹은 하나의 이념에 다른 것들에 대한 우선권을 보장할 수 없기 때문이다. 결국 어떤 원칙도 일반 원칙이 아니라면, 우리는 더 이상 진리 원칙에서 출발할 수 없으며 단지 다양한 가치관과 의견의 다양성을 전제할 수 있을 뿐이다. 반면 지젝은 자신을 경제와 계급투쟁의 우선성에서 출발하는 마르크스주의자라고 칭한다. 그러므로 그의 입장은 근본적으로 포스트구조주의자와 구별된다. 하지만 그는 마르크스 이론을 비판적으로 반성하고 정신분석학과 독일 관념론에 의거하여 수정한다.

보론: 자크 데리다(1930-2004)

자크 데리다는 프랑스 철학자이며 해체론의 창시자였다. 해체론은 서구의 형이상학에 대한 근본적 문제제기이며 그 극복을 목표로 한다. 문예학에서 해체론은 문학 해석 및 분석 방법론으로 수용되었다. 고전적 해석학이 보다 심층적인 의미층위를 연구하는 반면, 해체론은 텍스트 생산과 언어에 대한 근본적 물음 제기를 목표로 한다. 데리다는 언어의 모호성 내지 다의성에서 출발한다. 그에 따르면 어휘는 다양한 의미를 지닐 수 있다. 그러므로 어휘에 대한 이해는 '구성'되는 것이고 데리다에 의하면 다시 '해체'되어야 하는 것이다. 나아가 해체론은 이성과 신화, 학문과 문학, 진리와 은유의 착종을 분석한다. 그에 따르면 진리는 수사적 효과로 소급될 수 있다. 그러므로 신화와 이성 간의 차이가 신화의 영역 내부로 기입되는 것처럼, 수사학과 진리 간의 차이 또한 수사학의 영역 내부로 기입될 수 있다. 데리다와 달리 지젝은 수사학과 진리 간의 차이를 테제와 안티테제의 변증법으로 해석한다. 데리다가 수사학의 우위를 기반으로 이성을 해체하는 반면, 지젝에게 이성은 수사학 자체의 영역 내에 그것의 부정적 자기관련성으로 이미 기입되어 있다. 헤겔과 마찬가지로 지젝에게 있어 수사학과 진리 사이의 외적 차이는 수사학 자체의 내적 분열이다. 지젝이 보기에 데리다는 그의 철학 기저에서 작동하는 변증법적 사유의 메커니즘을 오인하고 헤겔의 변증법을 개념의 자기매개라는 목적론적 순환으로 환원한다. 그러므로 데리다의 해체론은 헤겔 변증법을 극복하고자 했지만 결국 헤겔 변증법의 논리 안으로 다시 기입되고 만다.

이데올로기라는 숭고한 대상

모순을 모든 동일성의 내적 조건으로 보는, 헤겔 철학에 대한 지젝의 비정통적 해석이 처음으로 모습을 드러낸 것은 철학, 정신분석학, 대중문화를 방법론적으로 순회하는, 『이데올로기의 숭고한 대상』(1989)이라는 지젝의 첫 저서이다. 이 책은 우리 시대가 포스트이데올로기적이라는 지배적 견해에 대립한다. 지젝의 이데올로기 개념은 거짓 의식인 이데올로기와 진리 사이의 대립에서 연유한 인습적 개념과는 구별된다. 이데올로기는 일반적으로 사회 집단의 구성원들이 상호 공유하는 표상과 세계관과 관념들로 구성된 체계를 의미한다. 지젝은 오늘날의 이데올로기의 작동방식을 이해하기 위해서는 또 다른 이데올로기 개념이 필요하다고 본다. 그의 이데올로기 개념은 실재, 현실, 이데올로기의 삼원론적 모델에서 출발한다. 지젝의 이데올로기 개념에서 실재와 이데올로기 또는 존재와 가상 간의 대립은 존재하지 않는다. 이데올로기는 오히려 실재의 본질적 구성요소이다. 이데올로기는 참된 현실을 가리는 가면이 아니다. 오히려 가면 없이는 은폐 가능한 어떠한 내용도 있을 수 없다. 내용은 가면을 통해 비로소 생성되기 때문이다.

이데올로기와 환상

지젝의 이데올로기 개념은 정신분석학의 환상 개념과 밀접한 관련이 있다. 환상은 정신분석학에서 상징적으로 매개된 현실과 상징화되지 않는 실재 사이의 간극을 메우는 일종의 보조수단이다. 환상은 그 생산력을 통해 세계를 안정된 것으로 나타나게 하며 그럼으로써 의미 있는 경험을 위한 틀을 창조한다. 그것은 이미 사람들 내부에 역량으로서 내재되어 있으며 현실을 의식하는 사유에 대한 대체물로 기능할 수 있다. 궁극적으로 환상은 사회적 정체성의 불완전성을 은폐하고 우리로 하여금 삶이 의미 있다고 믿게 만든다. 환상의 기능은 극도로 불완전한 인간 상태를 잊고 삶을 견딜 수 있게 만드는 것이다.

지젝에 의하면 사회적·이데올로적 환상의 목적은 사회가 수용할 수 있을만한 전망을 수립하는 데 있다. 이데올로기적 환상은 말하자면 적대적인 관계를 통해 분열되지 않은, 조화로운 사회의 전망을 제공한다. 따라서 사회적 환상은 사회적 적대의 필수불가결한 반대극이다. 환상은 이데올로기가 적대적 분열을 은폐하거나 자신의 틈새를 미리 계산해 넣는 전략이기 때문이다.

이데올로기적 냉소주의

지젝은 『그들은 자기가 하는 일을 알지 못하나이다』(1991)에서 이데올로기 비판을 지속한다. 페터 슬로터다이크(1947-2017)가 지적한 바와 같이 지젝은 오늘날의 이데올로기의 작동방식은 더 이상 마르크스가 이 개념을 이해한 것처럼 "당신이 행하는 것을 알지 못한다"가 아니며, 오히려 오늘날 이데올로기는 "당신은 그것을 알지만 그럼에도 행한다"는 범례에 따라 작동한다고 본다. 이러한 냉소주의는 결코 이데올로기의 종말을 의미하는 것이 아니라 오히려 이데올로기가 더 깊이 작용하고 있음을 뜻한다. 성공적인 정치 이데올로기는 주체에게 명백한 지침과 이상으로부터 비판적 거리를 취할 수 있게끔 허락하기 때문이다. 이데올로기는 이 거리로 인해 더욱 미묘하고 효과적으로 작용한다. 지젝에 따르면 이데올로기는 주체가 자신과 동일시하는 어떤 것이다. 루이 알튀세르(1918-1990)에 의하면 주체는 이 동일시를 통해 비로소 구성된다. 이때 이데올로기가 무엇과 연관되는지는 분명치 않다. 과거의 이데올로기와는 달리 오늘날 이데올로기의 어휘들은 더 이상 분명한 의미를 제시하지 않으며, 다만 모호한 암시만을 한다. 가령 오늘날 이데올로기적 냉소주의는 기후변화에 대한 우리의 태도에서 잘 나타난다. 우리는 이미 기후재앙을 피하기 위해서는 긴급한 조치가 필요하다는 것을 이미 알고 있음에도 불구하고 일상에서 그것에 대해 아무것도 모르는 양 행동한다.

보론: 루이 알튀세르(1918-1990)

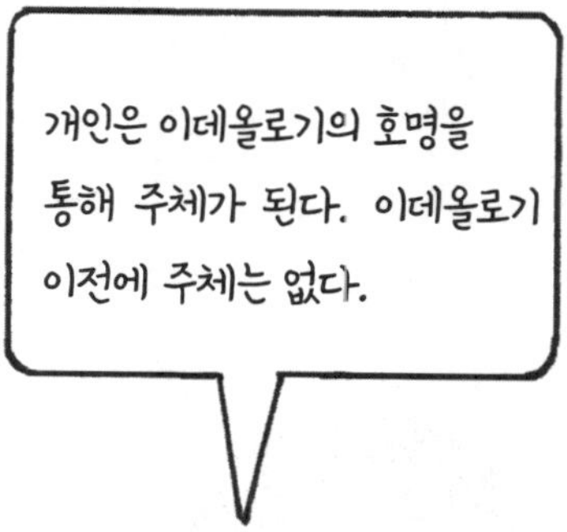

루이 알튀세르는 프랑스 철학자이며, 1960-70년대 마르크스주의의 가장 영향력 있는 대표자들 중 한 명이다. 『마르크스를 위하여』(1965)라는 책에서 그는 마르크스 철학을 구조주의적으로 명확히 규명하고자 시도했다. 그는 상부구조에 상대적 자율성과 독자적 효력을 부여함으로써 경제의 우위(문화와 정치에 대한 경제의 지배)에 대한 마르크스의 이념을 수정한다. 1970년대 알튀세르는 역사란 상위의 역사적 구조에 의해 규정되는 주체 없는 과정이라고 주장한다. 「이데올로기와 이데올로기적 국가장치」(1970)라는 논문에서 그는 주체와 이데올로기의 필연적 관계를 다룬다. 그는 자본주의적 생산관계가 주체의 일상 이데올로기에서 어떻게 재생산되는지에 대한 문제를 탐구한다. 그에 따르면 이데올로기는 마르크스주의에서처럼 상부구조에 위치하는 것이 아니라, 상부구조와 토대의 이분법을 무기력하게 만드는 고유한 물질적 실존을 지닌다. 나아가 알튀세르는 억압적 국가장치와 이데올로기적 국가장치를 자세히 구분한다. 억압적 국가장치는 신체적 폭력을 통해 작동하며, 경찰, 사법부 또는 감옥 등 공적 영역에서만 효력이 있다. 그에 비해 이데올로기적 국가장치는 이데올로기를 통해 작용하며 공적 영역과 사적 영역 모두에서 효과를 발휘한다. 알튀세르에 의하면 개인은 이데올로기의 호명을 통해 주체로 구성된다. 알튀세르와 달리 지젝은 주체의 능동적인 측면을 강조한다. 결정의 심급으로서 주체는 단순히 이데올로기의 작용이 아니라 오히려 행위의 주체인 것이다.

타자의 지식

지젝은 타자의 지식의 결정적 역할을 설명하기 위해 고전적인 라캉식 농담을 한다. 자신이 곡물 알갱이라고 믿는 한 남자가 정신병동에 실려 간다. 의사들은 그에게 아니라고 설득하기 위해 최선을 다한다. 치료 후 그 남자는 실제로 치료된다. 그가 마침내 병원을 떠나는 날, 그는 문으로 다시 돌아와 밖에 닭이 있어서 먹힐까 봐 두렵다고 말한다. 그러자 의사가 말한다. "환자님, 당신은 곡식이 아니라 사람이라는 것을 너무나 잘 알지 않습니까" "물론이죠. 잘 압니다." 환자가 답한다, "하지만 닭도 그것을 알까요?" 지젝은 자신의 증상의 무의식적 진리에 대해 환자를 설득시키는 것만으로는 충분하지 않다고 말한다. 타자(이 경우 닭)가 그것을 모르는 한, 환자가 안다는 것만으로는 충분하지 않기 때문이다.

사회적 증상으로서 반유대주의

지젝은 "왜 유대인들은 반유대적 이데올로기에서 '희생양'의 역할을 하도록 선택되었는가?" 하는 질문을 던진다. 하지만 지젝은 이에 대한 답을 찾고자 시도하는 게 벌써 일종의 함정이라 말한다. 왜냐하면 우리가 그 문제에 대해 생각하고 유대인의 역사 또는 소위 유대인의 특성에서 신비한 특징을 찾음으로써 우리 자신이 반유대주의적 이데올로기의 함정에 빠지기 때문이다. 과거와 현재 수많은 종교적, 정치적 집단들의 유대인들이 희생양 역할을 위해 선택되었다는 사실은 궁극적으로 우연인 것이다. 이런 전형적인 반유대주의 함정에 대해 설명하기 위해 지젝은 반유대주의에 대해 농담을 한다. 한 남자가 다른 남자에게 말한다. "유대인과 자전거 타는 사람이 우리의 모든 근심에 대해 책임이 있습니다." "자전거 타는 사람이 왜 책임이 있죠?" "유대인이 왜 책임이 있죠?" 지젝에 의하면 유대인들은 사회적 부정성의 실제 원인이 아니라 단지 사회적 부정성이 체화되는 지점을 표시할 뿐이다. 사회는 사회의 모든 부정적 요소들을 구체화하는 유대인이라는 상상적 형상에 자신의 내적 장애를 투사하기 때문이다. 따라서 사회적 질서에서 배제된 것은 유대인의 형상으로 돌아온다. 이런 의미에서 지젝은 유대인을 "사회적 증상"이라 부른다. 유대인은 사회적 적대가 구체적 형태로 표면에 가시화되는 지점을 나타내기 때문이다.

현재 추정치에 따르면 독일에서는 1941년에서 1945년 사이에 약 570만 명의 유대인이 단지 유대인 출신이라는 이유로 나치에 의해 체계적으로 학살되었다.

다시 타오르는 반유대주의

지젝은 이주를 원하는 한 유대인에 대한 구소련의 옛 농담으로 확산일로에 있는 반유대주의에 반응한다. 이민국 관료가 한 유대인에게 왜 이주를 원하는지 묻는다. 그가 이렇게 대답한다. “두 가지 이유가 있습니다. 첫째, 저는 소비에트 연맹에서 공산주의자들이 권력을 잃을까 봐 두렵습니다. 반혁명이 있을 것이며 새로운 권력은 공산주의 범법에 대한 모든 죄를 우리 유대인에게 지울 것입니다. 반유대적 박해가 다시 시작되겠죠.” “하지만”, 관료가 말을 끊었다. “그것은 말도 안돼요. 소련에서는 그 어떤 것도 변하지 않습니다. 공산주의 권력은 영원히 지속될 것입니다!” “그 점이 바로 두 번째 이유랍니다”하고 유대인이 답한다.

공산주의 몰락과 반유대주의를 공공연히 지지하는 민족주의 세력의 소생으로 인해 현재 유럽 전역에서 반유대주의의 불길이 다시금 일어나고 있다. 이런 이유로 지젝은 위에 인용된 농담을 거꾸로 뒤집어 다시 말한다. 유대인이 관료의 질문에 이렇게 대답한다. “왜 이주하는지 두 가지 이유가 있습니다. 첫째, 저는 러시아의 공산주의가 영원히 존재하리라는 것과 여기서는 그 어떤 것도 실제로 변하지 않으리라는 것을 압니다. 저는 그 점을 견딜 수 없는 것입니다.” “하지만”, 관료가 말허리를 자르며 말한다, “그것은 말도 안돼요. 공산주의라는 범법행위는 엄중히 처벌되지요!” “그 점이 바로 두 번째 이유랍니다”하고 유대인이 답한다.

반유대주의는 오늘날 포퓰리즘과 손을 잡는다. 지젝은 이러한 현상을 규명하기 위해 한 남자에 관한 오래된 농담을 한다. 한 남자가 가로등 아래서 잃어버린 열쇠를 찾고 있다. 지나가던 행인이 그에게 도움을 제안한다. 두 사람이 한참 동안 등불 아래서 성과 없이 열쇠를 찾아본 후, 그 행인이 불운한 사람에게 정확히 어디서 열쇠를 잃어버렸는지 묻는다. 그는 어두운 구석 어딘가에서 열쇠를 분실했다고 답한다. 그렇다면 왜 불빛 아래서 열쇠를 찾는지 행인이 묻자 그는 답한다. “여기가 더 밝기 때문이죠. 어두운 구석에서는 아무것도 안보이니까요.” 지젝에 따르면 포퓰리즘에는 이러한 ‘속임수’가 항상 있다. 포퓰리즘은 유대인에게서 사회적 불안정에 대한 원인을 유대인들에게서 찾는다. 유대인들은 복잡한 사회적 과정의 근거를 묻는 것보다 훨씬 더 잘 보이고 비난하기가 쉽기 때문이다.

현실과 실재

지젝은 현실과 실재를 구분한다. 현실은 언어적 내지 상징적으로 구성되며, 라캉의 상징계에 상응한다. 지배적 이데올로기는 현실의 구성을 위해 필수적이다. 그러나 지젝에게는 상징화될 수 없고 따라서 상징계에 속하지 않는 것이 있다. 이것은 바로 실재, 즉 현실의 상징적 구성에서 배제되기 때문에 이데올로기에 의해 규정되지 않는 잉여이다. 지젝은 실재를 상징화에 저항하는 '견고한 중핵'이라고 부른다. 그러나 실재계는 결코 현실 너머에 놓여 있는 수수께끼 같은 실체를 의미하지 않는다. 오히려 그것은 상징계 자체의 내부적 장애물이다. 그것은 상징계 외부가 아니라 그 내부에 위치하며, 그럼에도 불구하고 상징화될 수 없다. 즉, 실재는 상징화가 좌초하는 지점을 의미한다. 실재계가 있기 때문에 현실은 완전하지도, 완결되지도 않는다. 그러므로 현실은 갑작스러운 실재계의 침입을 통해 예견치 못한 일이 발생할 수 있는 장소로 파악될 수 있다. 실재계는 현실의 급진적 변환을 야기할 수 있는, 타자의 영역이다. 지젝의 철학은 실재가 발생한다는 것, 즉 불가능이 가능하다는 신념에 기반한다.

시차

『시차』(2006)에서 지젝은 실재의 나타남을 실재에 대한 상반되는 두 가지 관점인 "시차"로 파악한다. 시차란 관찰자의 위치가 변화면 대상도 변화하는 것처럼 보인다는 것을 뜻한다. 이에 따르면 주체와 객체는 서로 얽혀 있어서, 관찰자의 위치에 따라 대상이 변화한다는 것이다. 관점의 변화에 따라 변하는 것은 대상 자체이다. 이때 두 개의 서로 다른 시점 사이의 간극은 극복될 수 없다. 왜냐하면 이 간극은 대상 자체의 실재이기 때문이다. 그러므로 지젝의 시차는 한편으로는 두 층위 사이에 공통된 근거가 없기 때문에 더 높은 종합에서 변증법적으로 '지양'될 수 없는, 근본적 이율배반을 의미한다. 다른 한편 시차는 그럼에도 변증법의 환원불가능한 장애물을 뜻하는 것은 아니다. 오히려 시차는 우리에게 그것의 전복적 핵심을 인식하도록 해준다. 시차는 상징적 질서의 실재인 사회적 적대감의 표현이기 때문이다.

라캉에 대해 항상 알고 싶었지만 감히 히치콕에게 물어보지 못한 것

알프레드 히치콕(1899-1980)은 영국의 영화감독이자 시나리오 작가였다. 그의 영화에서 반복되는 모티브는 불안과 정체성 상실이다. 그러므로 그는 지젝에게 실재의 감독으로 나타난다. 실재는 현실에서 배제되어 있음에도 실제적 효과를 불러일으키는 것이다. 그것은 그 자체로 존재하는 것이 아니라, 일련의 효과들 속에 왜곡된 것 또는 그르친 것으로서 나타난다. 지젝이 볼 때 히치콕 영화는 라캉의 대상 a를 구현한다. 『라캉에 대해 항상 알고 싶었지만 감히 히치콕에게 물어보지 못한 것』(1992)에서 지젝은 히치콕과 라캉을 상호 관련시킨다. 지젝에 따르면 히치콕 영화에서 확인할 수 있는 라캉적 대상에는 세 가지 유형이 있다.

첫 번째 유형은 히치콕이 자주 사용한 영화 기법인 이른바 '맥거핀'이다. 맥거핀은 내용상 완전히 비어있지만 사건을 일으키거나 특별히 진전시키는 요소이다. 즉, 그것은 내용 없는 단순한 대상인 것이다. 예를 들어 히치콕 고전물인 〈북북서로 진로를 돌려라〉(1959)에서는 '알 수 없는 정부 기밀들'이 맥거핀으로 기능한다. 정부 기밀들은 플롯, 즉 비밀 누설을 진행시키지만, 그 자세한 내용에 대해서는 전체 사건 동안 구체적인 그 어떤 것도 언급되지 않는다. 맥거핀의 기능은 순전히 구조적인 성격을 지닌다. 두 번째 라캉적 대상의 유형은 주체들, 즉 영화 등장인물들 사이를 순회하는 일종의 교환대상으로 기능한다. 그것은 이중적 성격을 지녔는데, 한편으로는 상징계로 통합될 수 없는 과잉으로, 다른 한편으로는 상징계 자체의 기능화를 위한 조건으로 나타난다. 따라서 두 번째 대상은 잉여와 현실의 조건을 동시에 구현하는 역설적 대상이다. 예를 들어 〈다이얼 M을 돌려라〉(1954)에 나오는 열쇠, 〈이창〉(1954)의 결혼반지, 〈열차 안의 낯선 자들〉(1951)의 라이터, 〈나는 비밀을 알고 있다〉(1956)에 나오는 아이가 이러한 대상에 속한다. 히치콕의 가장 유명한 영화 〈새〉(1963)에 등장하는 새들은 세 번째 유형을 구현한다. 지젝이 볼 때 인간을 공격하는 새들은 상징적 의미가 없는 공허도, 주체들 사이를 순환하는 교환대상도 아닌, 활기 없고 육중한 물질이며, 불가능한 향락의 구체화이다.

보론: 알프레드 히치콕(1899-1980)

알프레드 히치콕은 후에 미국으로 이주한 영국 출신 감독이자 영화제작자였다. 그는 전시대를 망라해 가장 영향력 있는 감독들 중 한 명으로 간주된다. 히치콕은 53편의 극영화를 만들었고, 〈현기증〉(1958), 〈북북서로 진로를 돌려라〉(1959), 〈사이코〉(1960), 〈새〉(1963)와 같은 영화로 영화사에 이정표를 세웠다. 그는 사람들의 불안감과 불확실성을 대가답게 그려낸다. 그의 영화는 긴장, 공포와 유머의 혼합이다. 그는 영화에 긴장을 유발하는 "서스펜스의 대가"라고 불린다. 서스펜스는 "불확실성함 속에 부유하다"는 뜻으로, 긴장을 자아내는 데 가장 효과적인 기법으로 통한다. 히치콕은 서스펜스와 서프라이즈(놀람)를 구분한다. 놀람이 예기치 않은 사건을 의미하는 반면, 서스펜스, 즉 긴장감은 일어나지 않은 어떤 사건의 기대감을 의미한다. 그래서 놀람은 뜻밖의 순간에 기반하는 반면, 서스펜스는 예측가능성에 기반한다. 서스펜스의 전제 조건은 관객이 어떤 일이 발생하리라는 것을 미리 안다는 데 있다. 반면 등장인물들은 그것을 조금도 예측하지 못하기 때문에 이로 인해 긴장이 유발된다. 프랑스 감독 프랑수아 트뤼포(1932-1984)와의 인터뷰에서 히치콕은 서스펜스의 의미를 다음과 같이 설명한다. 만약 탁자 밑에서 숨겨진 폭탄이 갑자기 폭발한다면 이것은 놀람으로, 20초간 지속된다. 그러나 만약 관객은 퓨즈가 오랜 시간 타고 있는 것을 알지만 등장인물들이 이를 알아채지 못한다면 이것은 서스펜스로, 5~10분간 관객을 사로잡는다. 서스펜스의 효과는 놀람의 효과보다 훨씬 크다. 히치콕은 정신분석학에 관심이 많았고 인간 심리에 관한 영화를 여러 편 제작했다. 〈스펠바운드〉(1945), 〈이창〉(1954), 〈현기증〉(1958), 〈마니〉(1964) 같은 영화가 이를 증언한다.

성관계는 없다

"성관계는 없다"라는 유명한 테제는 라캉에게서 유래한다. 하지만 이 말은 성행위의 부재나 남녀 사이의 의사소통의 불가능성을 의미하지는 않는다. 이 말은 오히려 각 성이 고유한 장애물로 기능한다는 것, 그렇기 때문에 타자의 성은 결코 "온전히 그 자체"가 될 수 없다는 것을 의미한다. 그러므로 성 차이에 대한 라캉의 개념은 각 성이 다른 성의 보완적 절반을 제시한다는 일반적인 인식과 뚜렷한 대조를 이룬다. 라캉에 의하면 각각의 다른 성은 바로 다른 성의 존재로 인해 완전한 전체에 이르는 것에 방해받기 때문이다. 라캉과 유사하게 지젝에게도 성 차이는 상징적 담론의 구성물이 아니다. 그것은 상징적 질서의 일부가 아니라 상징화가 좌초되는 곳에서 나타난다. 따라서 성 차이는 상징적이지 않고 실재적인 동시에 불가능하다. 좀 더 엄밀히 말해, 지젝이 볼 때 성 차이는 상징적 질서의 틀 내에서의 차이적 대립이 아니라 상징화가 불가능한 사회적 적대의 실재이기 때문에, 성 차이가 상징적 규범 체계의 내부에서 언어화되기란 불가능하다. 지젝은 여성은 "남성의 징후"라는 라캉의 유명한 공식을 참조하여, 여성을 가부장적 상징 질서의 내재적 적대가 가시화되는 위태로운 지점으로 해석한다.

성 차이 이론

지젝의 성 차이 이론은 라캉 외에도 오토 바이닝거(1880-1903)를 참조한다. 바이닝거는 그의 유명한 저서 『성과 성격』(1903)에서 여성은 존재하지 않는다는 도발적 테제를 주장한 바 있다. 성 차이는 주체와 객체, 능동적 '정신'과 수동적 '물질' 간의 대립에 기초하는 것이다. 바이닝거는 여성을 외부의 자극에 전적으로 내맡겨진 수동적 존재로 이해한다. 남자는 욕망의 영향에 전적으로 지배되지 않기 때문에 정신적 사랑을 할 수 있는 반면, 여자는 섹슈얼리티에 의해 전적으로 규정된다. 그러므로 여성은 남성의 타락 원인이 아니라 반대로 그 효과이다. 여성은 단지 남성의 결핍을 체화할 뿐이며 따라서 독립적으로 실존하지 않기 때문에, 여성은 남성의 타락을 통해 비로소 생겨난다는 것이다. 그래서 바이닝거는 "여자는 없다"고 주장한다. 지젝은 바이닝거("여자는 없다")와 라캉("여자는 존재하지 않는다") 사이의 명백한 유사점을 규명한다. 그러나 그의 견해에 따르면 바이닝거에게는 "헤겔 철학의 반성적 전환"이 결핍되어 있다. 따라서 "여성은 아무것도 숨기지 않는다"란 문장에서 바이닝거는 무를 주체 내부의 부정성의 표현으로 파악하지 못했다. 바이닝거는 여성이 바로 이 무를 은닉하고 있음을 인식하지 못한 것이다. 반면에 라캉에게 여성은 주체 안의 부정성의 구현이다. 그래서 지젝은, 바이닝거가 한 걸음 더 나아가 여성을 주체 안의 부정성으로 파악했어야 한다고 주장한다. 여자는 단순히 남자의 결핍을 체화하는 것이 아니라 주체에게는 고유한 정체성이 결여되어 있다는 사실을 체화하기 때문이다. 라캉과 지젝의 경우 여자는 여성이라는 생물학적 여성이 아니라 가부장적 상징 질서에서 배제된 여성적인 지위를 나타낸다. 따라서 라캉은 여성이 남성은 물론 여성 자신에게도 타자라고 말한다.

푸코의 권력이론에 대한 비판

미셸 푸코의 권력이론은 저항이 권력에 내재적이라고 본다. 즉, 권력이 있는 곳에 권력에 대한 저항 역시 생겨난다는 것이다. 지젝은 권력에 대한 저항이 권력구조에 내재적이라는 것에는 동의하지만, 모든 저항이 권력에 의해 미리 규정된다고 결론 내릴 수는 없다고 본다. 지젝은 푸코의 권력이론에서 중대한 문제를 인식하는데, 그것은 바로 저항의 가능성 그 자체가 권력관계의 일부라는 점이다. 그러므로 지젝에게 권력과 저항의 연속성은 주체가 권력관계의 외부에서 행동하는 것을 처음부터 배제하기 때문에 결코 권력체계의 실제적 극복으로 이어질 수 없다. 푸코와는 달리 지젝은 권력체계에는 불안정성이 내재되어 있으므로 이 체계의 모든 요소들을 통제할 수는 없다고 주장한다. 이로 인해 통제에서 벗어난 요소가 전체 체계를 붕괴로 이끌 수 있다는 것이다.

궁극적으로 지젝은 모든 것을 포괄하는 권력이라는 푸코의 개념을 극복하고자 한다. 권력이 모든 것을 포괄한다면, 그것은 그 자체 내부에 극복의 가능성 또한 포함할 것이기 때문이다. 따라서 권력 내부에 이미 설정된 계기로서의 저항은 체계 자체를 극복할 수 없다. 푸코와 달리 지젝에게 권력은 모든 것을 포함하지 않는다. 그에게는 권력관계에서 벗어난 요소들이 있기 때문이다. 지젝에 의하면 권력에서 벗어나는 것은 외적 요소가 아니라, 권력관계에 내재하며 그 버팀목 역할을 하는 "외설적 보충"이다. 권력구조에 내재하는 이 대상이 대상 a이다. 푸코의 사유모델은 대상 a를 권력구조 자체 내부에 위치 지움으로써 극복 가능하다. 지젝에 따르면 권력 메커니즘에 대한 푸코의 설명에는 착취의 핵심적 역할이 결여되어 있다. 경제와의 관련성이 없다면 권력에 대한 투쟁은 도덕적 또는 윤리적 투쟁으로 머무를 것이다. 그러나 도덕적 또는 윤리적 투쟁은 결코 생산관계 자체의 변화로 이어질 수는 없다. 그러므로 저항의 정치를 떠나 권력과 저항권력의 단순한 대립을 넘어선 새로운 공간을 여는 정치로 이행해야 한다.

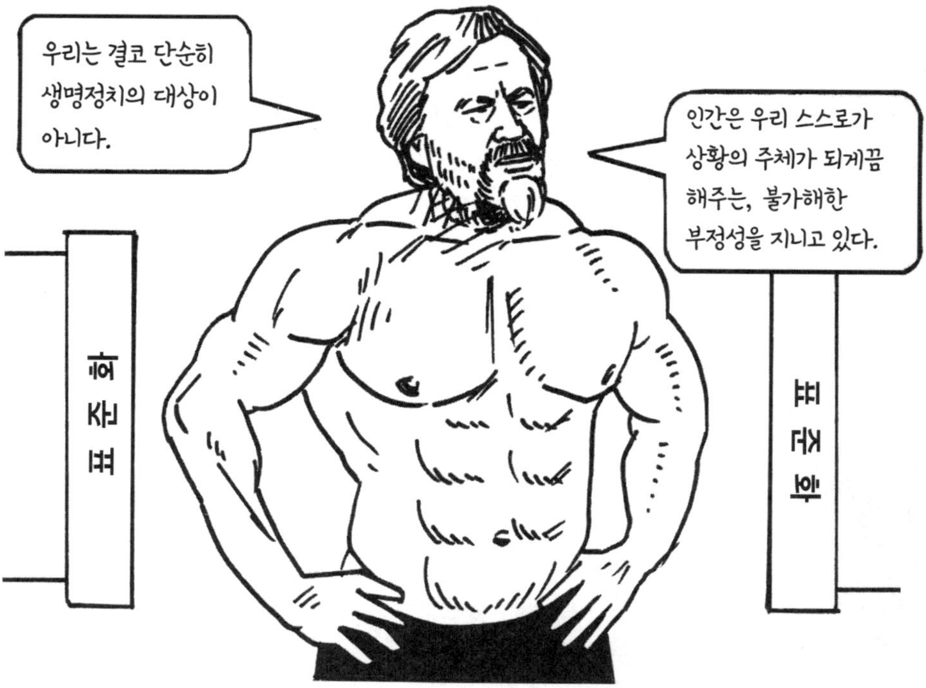

생명정치에 대한 비판

지젝은 또한 푸코의 생명정치 개념을 비판한다. 푸코는 주민의 생식, 출생률 및 건강을 조정하고자 의도하는 권력기술을 생명정치 또는 생체권력이라고 부른다. 푸코는 『앎의 의지』(1976년 1권 출간)에서 생체권력 개념을 개진하고 18세기에 처음으로 전개되었던 권력 메커니즘에 대해 기술한다. 이 메커니즘은 억압적인 신체적 폭력에 더 이상 기반을 두지 않고 인구 규제에 기반하는 권력으로의 기능변화와 함께 나타난다. 생체권력은 힘들을 저지, 굴복 또는 파괴시키는 대신, 이 힘들을 생성시키고 성장시키며 조정하는 데 관심을 기울인다. 생체권력의 목표는 부, 재화 및 여타의 개인들을 산출하기 위해 주민을 생산기계로 이용하는 데 있다. 여기서 "표준화 사회"가 생성된다. 그에 따르면 주체들은 규준에 측정되고 그에 맞춰 조정된다. 따라서 주체는 생체권력 내부에서 표준화 과정의 효과로 나타난다. 지젝에게 생명정치의 주요 문제는 그것이 처음부터 정치적 주체성의 발생 가능성을 배제한다는 데 있다. 생명정치는 지젝에게 "포스트정치", 즉 실제 정치의 불가능성에 기반하는 정치에 다름 아니다. 왜냐하면 생명정치에서는 어떠한 주체도 더 이상 생성되지 않기 때문이다. 거기에서는 단지 개인들의 '벌거벗은 삶'이 관리되고 규제될 뿐이다. 지젝은 그 대신 주체화에 선행하고 해방적 정치를 가능하게 하는, 인간 내부의 불가해한 부정성을 강조한다.

보론: 미셸 푸코(1926-1984)

미셸 푸코는 프랑스의 포스트구조주의 분야의 프랑스 철학자이자 20세기 가장 영향력 있는 사상가 중 한 명이다. 언어적 사회적 행동의 관련성을 연구하는 분석도구인 담론분석은 그의 대표적 이론에 속한다. 푸코는 특정 권력구조와 관심사에 기반한, 언어적으로 생성된 의미맥락을 담론으로 파악한다. 푸코는 여기에서 현실을 생성시키고 구조화하는 담론의 특성을 강조한다. 그는 담론을 단순히 기호의 총합으로 다루지 않고, 담론이 말하고 있는 대상을 산출해내는 실천으로 다룬다. 그래서 그는 지식과 관력의 관계를 탐구하고 지식 생산에서 권력이 어떠한 역할을 하는지를 묻는다. 왜냐하면 푸코에 의하면 지식과 권력은 서로 밀접하게 관련되기 때문이다. 하지만 그의 권력 개념은 억압적, 즉 강압적이지 않으며 오히려 생산적이다. 왜냐하면 권력을 통해 비로소 현실과 주체가 생산되기 때문이다. 권력에 대한 푸코의 중심 테제는 권력이 있는 곳에는 저항도 있다는 것이다. 지젝은 푸코의 권력 및 주체 개념에 대해 비판적이다. 그는 푸코 철학에 나타난 저항과 주체의 한계를 강조한다. 그는 권력에 의해 규정되지 않는, 주체에 대한 다른 개념이 필요하다고 본다.

데카르트적 주체로의 귀환

지젝 철학의 중심 주제는 주체 개념이다. 포스트모더니즘과 포스트구조주의가 "주체의 죽음"을 선언한 반면, 지젝은 『까다로운 주체』(1997)에서 데카르트의 주체 개념을 복원하고자 시도한다. 데카르트주의라는 표현은 프랑스 철학자 르네 데카르트(1596-1650)의 철학적 사유 체계를 의미한다. 데카르트는 "나는 생각한다. 그러므로 나는 존재한다"(라틴어 *Cogito ergo sum*)는 문장으로 유명하다. 데카르트는 지식이 기독교적 신에 의해 창조된다는 중세의 관념을 거부하고 주체인 '나'는 '생각하는 것'(라틴어 *res cogitans*)이라고 설명했다.

지젝은 공산당 선언에 나오는 "공산주의라는 하나의 유령이 유럽을 배회하고 있다"라는 유명한 문장을 의역하여 이렇게 말한다: "데카르트의 주체라는 유령이 서구의 학문을 배회하고 있다." 포스트구조주의자들과 달리 그는 데카르트적 주체로의 회귀의 필연성을 강조하고 코기토, 즉 '생각하는 나'(라틴어로 cogito)의 과도한 중핵을 강조한다. 결정적인 것은 데카르트 주체가 합리적 자아와 실제 인간들로부터 구분되는 간극에 있다. 코기토는 실제 인간의 실체적 내용이 결여된 주체이다. 그것은 구체적 내용이 없는 순수한 형식으로서의 주체, 즉 주체성 없는 주체이다. 데카르트 외에도 마틴 루터(1483-1546) 또한 근대적 주체성의 창설자이다. 루터에게 인간은 "신의 엉덩이에서 떨어진 쓰레기"이기 때문이다. 지젝에 의하면 루터의 이 표현은 근대적 주체의 핵심을 적절하게 표현했는데, 이는 인간이 "똥 조각"으로 축소되는 순간에 비로소 출현한다는 것을 의미한다.

궁극적으로 지젝에게는 현대 주체 개념과 포스트모더니즘 주체 개념을 넘어서는 새로운 주체성의 가능성이 문제시된다. 포스트모더니즘의 경우 주체가 언어, 권력, 매체 등의 작용을 통해 생겨난다면, 모더니즘은 능동적이고 자율적인 주체에서 출발한다. 그러므로 지젝의 주체는 능동적 주체와 수동적 주체, 모더니즘 주체와 포스트모더니즘 주체 사이에서 동요한다. 지젝에 따르면 새로운 주체성은 주체가 코기토로 급격히 축소됨으로써 발생한다. 주체는 구체적 내용들과 속성들을 벗어나 코기토의 급진적 부정성으로 축소될 때 비로소 생성되는 것이다. 그러나 지젝의 데카르트로의 회귀는 코기토의 잊힌 뒷면, 즉 광기와 부정성을 강조하기 때문에 합리적 주체의 복권이 결코 아니다. 궁극적으로 지젝에 의한 데카르트적 주체의 복원 프로그램은 철학적일 뿐 아니라 정치적으로도 동기 유발이 된 것이다. 행동하는 주체 없이는 정치는 없기 때문에 해방 정치의 가능성에 대한 질문의 중심에는 주체에 대한 질문이 존재한다.

보론: 데카르트의 코기토

르네 데카르트(1596-1650)는 『제1철학에 관한 성찰』(1641)에서 지식에 대한 의구심과 관련해 다음과 같이 주장한 바 있다. “의심하는 사람은 항상 나이기 때문에 나는, 꿈을 꾸거나 상상을 할 때조차 나라는 자아에 대해 의심을 품을 수 없다.” 여기로부터 그는 “코기토 에르고 줌”, 즉 “나는 생각한다. 그러므로 나는 존재한다”는 결론을 내린다. 그런 반면 “Cartesius(데카르트의 라틴어)”라는 어휘에서 파생된 “데카르트적Cartesianisisch”이라는 말은 데카르트와 그의 추종자들의 철학을 일컫는다. 따라서 “데카르트의 코기토”란 데카르트가 파악했던 의미의 코기토라는 뜻이다.

칸트의 주체

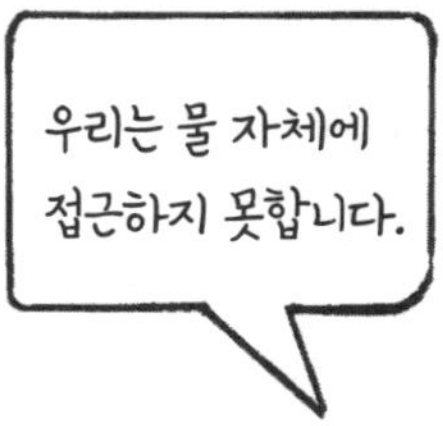

임마누엘 칸트(1724-1804)의 철학에서 주체는 철학의 고유한 근본 질문이 된다. 그에 의하면 세상의 사물들에 대한 지식은 객체에 대한 단순한 관찰이 아니라 객체를 관찰하는 주체 자신의 인식 능력을 통해 비로소 가능하다. 그러므로 철학의 과제는 더 이상 대상 혹은 세계를 인식하는 것이 아니라, 인간의 인식능력을 연구하는 것이다. 따라서 칸트 철학은 주관성의 문제를 객관적 세계로 이끈다. 이로써 객체에 대한 질문은 주체와 객체 사이의 관계에 대한 질문으로 전환된다. 칸트는 긍정적 질서로서 현실이라는 전근대적 개념을 거부한다. 대신 그는 선험적 주체라는 개념을 도입하여 “인식 가능성의 조건”에 대해 묻는다. 칸트는 사람들이 특정한 선험적(‘처음부터’에 해당하는 라틴어 ‘아프리오리a priori’는 선험적이라고 해석되며, ‘경험과 무관함’을 뜻한다) 구조를 통하여 현실을 관찰한다는 생각에서 출발한다. 그에 따르면 모든 사람들은 동일한 선험적 구조를 지니므로 동일한 인식결과에 이른다. 이러한 구조는 경험 또는 지각에 의존하지 않기 때문이다. 칸트는 이 이론에서 주체와 주체의 인식능력에 초점을 맞춘다. 주체가 선험적 구조를 기반으로 대상을 ‘인식’한다는 가정 하에 칸트의 선험적 주체 개념은 인식의 근본적 부정성을 포함한다. 이 근본적 부정성 때문에 우리는 결코 사물 자체를 인식하지 못하며, 단지 우리에게 알려진 현상만을 인식한다. 그러므로 칸트에 따르면 우리는 ‘물 자체’에 이르지 못한다. 우리는 현실을 객관적으로 인식하지 못하며, 그저 현실이 우리에게 나타나는 바대로 인식하는 것이다.

셸링의 주체

지젝이 칸트 및 헤겔의 철학 외에 주체 개념과 관련하여 참조하는 중요한 사상은 프리드리히 빌헬름 요셉 셸링(1755-1854)의 철학이다. 지젝에게 셸링은 관념론과 유물론 사이의 "사라지고 있는 매개자"이다. 셸링은 칸트의 부정성 개념을 발전시켜 주체의 정체성이 항상 모순적임을, 즉 내적으로 분열되어 있으며 인식 획득을 위해서는 어떤 일치지점으로 소급되어야 한다는 것을 보여준다. 그에 의하면 그 일치점은 주체와 객체, 정신과 물질의 조화이다. 셸링은 이로부터 출발해야만 철학적 문제가 비로소 해결될 수 있는 절대성이라고 이것을 칭한다. 셸링에게 절대성은 주체성과 객체성의 절대적 동일성을 의미한다. 셸링 철학은 어떻게 물질에서 정신이 나오며, 혼돈에서 질서가 생성되는지를 설명한다. 셸링 철학에서는 본능의 비이성적 순환운동이 상징적 현실에 선행한다. 즉, 이성적 질서 이전에는 먼저 비이성적 충동이 지배한다는 것이다. 또한 이 비이성적 충동에 선행하는 것은 셸링이 "비근거Ungrund"라고 부르며, 합리적 결정능력보다는 광기에 더 가까운 근원적 자유이다. 셸링은 칸트보다 더 급진적으로 이성 안에 내재된 비이성적 근거를 본다. 그에 따르면 상징적 현실은 비이성적 충동의 실재와 근거 없는 자유로운 결정으로서의 광기에 대해 보호막 역할을 한다. 셸링의 철학은 이로써 상징적 질서가 어떻게 실재에서 생겨나는지를 설명한다.

헤겔의 주체

칸트와 달리 헤겔에게 주체는 더 이상 그의 철학적 성찰의 출발점이 아니다. 오히려 헤겔은 실체(독자적으로 존재하는 자)가 주체 자신이라는 전제에서 출발한다. 이로써 실체와 주체는 헤겔 철학에서 통일성을 형성한다. 칸트가 현실을 실체로 파악한 반면, 헤겔에게 현실은 주체이다. 헤겔에게 주체란 현실 외부의 중립적 요소가 아니라 이물질로서 항상 현실에 편입된다. 그러므로 현실은 항상 주체의 관점에 의해 왜곡되어 나타난다. 그에 따르면 현실은 주체를 통한 관찰, 즉 '주관적 왜곡' 이전에는 존재하지 않으며, 따라서 현실이란 불완전한 것이다. 불완전한 현실의 상응물은 주체로, 헤겔에 따르면 주체는 현실의 중심에 빈틈으로 놓여 있다. 그래서 헤겔 철학에서는 객관적 현실도 절대적 주체도 존재하지 않는다. 그러므로 지젝에 의하면 헤겔이 오늘날의 철학에서 절대적 주체성의 사상가로 파악되는 것은 오해라고 할 수 있다. 그렇지만 우리가 현실을 단지 우리의 제한된 관점을 통해서만 지각할 수 있다는 사실은 헤겔에게 결코 부정적이지 않다. 오히려 이 사실은 현실 자체의 긍정적 조건이라고 할 수 있다. 그러므로 현실이 우선 존재하고 주체는 이 현실 내부에서 차후에 비로소 생성되는 것이라고 주장할 수는 없다. 반대로 주체는 현실에 선행한다. 즉, 주체 없이는 현실도 존재하지 않는다. 이러한 헤겔의 관점에서 볼 때 칸트의 실수는 그가 주체를 넘어선 물 자체라는 실체적 존재를 전제한다는 데 있다. 반면 헤겔에게 주관적 성찰을 넘어선 실체는 존재하지 않는다.

라캉의 주체

라캉은 주체를 구체적 내용 없는 순수 형식으로 이해한다. 이때 문제시되는 것은 무의식의 주체이다. 라캉에게 무의식은 산만한 감정과 충동이 저장된 저장고가 아니라, 경험 가능한 모든 내용들로부터 차단된 순수히 논리적인 구성물이다. 그러므로 무의식은 자신의 경험에 접근할 수 없다. 이 점에 있어 라캉의 주체는 데카르트적 코기토에 가깝다. 코기토처럼 무의식은 살아있는 개체와는 무관한 논리적 자기의식의 빈자리이다.

지젝에게 라캉의 주체는 포스트구조주의의 주체와 엄격히 구분된다. 포스트구조주의에 의하면 주체는 상징화 과정에서 발생한 순수한 허구이다. 그러므로 주체는 비-주관적 상징 과정의 효과로 축소된다. 그에 반해 라캉에게 이 허구는 실재의 효과를 불러일으킨다. 따라서 주체는 단순한 상징화의 산물이 아니라 실재적 행위를 위한 필수적 전제조건이다. 그렇기 때문에 주체가 상징화의 과정으로 환원될 수 없다는 라캉의 생각은 지젝에게 중요한 정치적 의미를 지닌다. 왜냐하면 라캉의 주체 개념은 기존의 사회 질서를 넘어 새로운 질서를 창시할 가능성을 열어주기 때문이다.

지젝의 주체

라캉의 정신분석학은 지젝의 주체 개념에 결정적인 역할을 한다. 라캉에게 주체는 메시지의 독자가 아니라 담지자이다. 그러나 이 메시지는 타자에게 발신되고 주체 자신에게는 접근이 불가하다. 즉, 독자는 항상 타자일 것이며, 주체는 자신이 그 의미를 이해할 수 없는 메시지의 담지자 또는 매체이다. 지젝에게 주체는 행위act와 직접 관련한다. 행위는 의도적 행동action 과 달리 행위자를 놀라게 하는 예견 불가능한 사건이다. 행위의 상응물은 놀랍고 충격적인 경험을 통해 비로소 존재하기 시작하는 "분열된 주체"이다. 따라서 행위의 주체는 그를 통해 비로소 행위가 일어나는 일종의 매체라고 이해될 수 있다. 그러므로 주체는 자기 자신의 행동의 '주인'이 아니라 자기 자신으로부터 분열되어 있다. '행위의 행위자agent'는 궁극적으로 의식적으로 행동하는 주체가 아니라 행위 자체인 것이다.

지젝의 주체 개념은 포스트구조주의의 주체에 대해 유사점과 차이점을 모두 나타낸다. 지젝의 주체는 한편으로는 포스트구조주의의 경우처럼 타자에 의해 침투되므로 자율적이지 않다. 다른 한편 이 주체는 그럼에도 불구하고 정치적 행위의 심급으로 기능할 수 있다. 지젝은 포스트모더니즘과 포스트구조주의의 이론을 비판하는데, 이는 이 이론들이 주체성을 해체함으로써 동시에 정치적 행위의 가능성도 제거했다고 보기 때문이다. 그 대신 그는 정치적 행위의 심급으로서 주체 개념을 내세운다. 행위의 주체는 그럼에도 행위의 정점에 있는 행위자가 아니다. 행위자는 그의 의식적 의지에 따라 일어나지 않은 일에 대해 전적인 책임을 져야 한다. 그러므로 지젝의 주체는 자유로운 선택과 강요된 선택 사이에서 부유한다. 그의 자유는 역설적이게도 자신에게 강요된 바를 자신의 자유에 의한 선택이라고 여기는 데 있다.

바디우의 주체

알랭 바디우(1937-)는 주체를 사건에 대한 "충실"이라고 정의한다. 그에 따르면 주체는 사건의 진리를 추후에 확립하여 사건에 현재적 진리를 부여하는 사람이다. 주체는 이미 주어진 것이 아니라, 진리사건에 의해 유도된 변화과정을 통해 비로소 주체가 된다. 주체는 사건 후에야 구성되며, 주어진 상황 속에서 이 사건의 흔적들을 인식할 수 있다고 주장한다. 그러므로 주체는 사건의 효과이다. 그러나 지젝에 따르면 이러한 생각은 주체를 주체화 과정으로 축소시키는 것이다. 바디우에 의하면 사건이 주체화 과정을 결정한다. 따라서 사건 이전에 주체란 존재하지 않는다. 이와 달리 지젝에게는 주체 없는 사건이란 존재하지 않으며, 주체는 항상 탈중심적이기에 자기 자신의 사건의 행위자일 수 없다. 바디우에게는 사건의 일시적 순간에 일관성을 부여하는 것이 관건이다. 그에게 주체는 사건에 덧붙여져서 사건을 정초하는 것이다. 바디우에 의하면 사건이 비로소 주체를 구성하기 때문이다. 이에 반해 지젝에 의하면 주체는 주체화 과정의 부정적 제스처로 구성되기 전에 이미 부정성으로 존재한다. 주체는 존재론적 틈이며, 공백 자체이기 때문이다. 주체가 존재와 사건 사이의 틈인 한, 주체는 순수한 부정성의 양태로 사건에 앞서 이미 존재한다. 지젝에 따르면 주체는 주체가 되고자 하는 자신의 의식적 결정 이전에 이미 형언할 수 없는 부정성 자체이다. 주체는 이성 뿐만 아니라 죽음충동에 의해서도 규정되기 때문이다. 지젝의 주체는 바디우가 주장하듯, 사건 이후에 비로소 구성되는 것이 아니다. 개인들은 오히려 언제나 이미 주체들이며, 단지 그 사실을 인식하기만 하면 된다. 바디우의 주장대로 사건이 주체에 앞선다면 사건이 발생할 때까지 기다리는 것 외에는 어쩔 도리가 없으며, 그 후에야 주체가 비로소 형성된다. 반면 지젝에게 우리는 사건이 일어나기 전에 이미 우리의 부정성 때문에 주체들이다. 따라서 우리는 상황에 영향을 미치거나 사건을 야기할 수 있다. 지젝의 이러한 견해는 주체에 대한 강한 개념에 기반해 혁명적 정치를 위한 초석을 놓는다.

보론: 알랭 바디우(1937-)

알랭 바디우는 프랑스의 철학자이자 수학자, 작가이다. 그는 지젝과 더불어 오늘날 급진적 좌파 정치의 가장 중요한 대표자이며, 오랫동안 프랑스 마오이즘을 선도하는 수뇌부 중 한 명이었다. 마오이즘은 중국의 혁명가이자 중화인민공화국의 지도자였던 마오쩌둥(1893-1976)을 중심으로 한 공산주의 운동이다. 20세기 상반기에 중국의 처참한 경제적, 사회적 상태에 대한 반응으로 전개된 마오쩌둥의 이론은 마르크스와 레닌 이론에 크게 영향을 받는다. 바디우는 프랑스 공산주의 청년연맹의 지도자들 중 한 명이었고, 이민정책, 난민법, 노동 및 노동조합 같은 다양한 정치적 관심사를 따르는 정치조직인 "*politique*"의 공동설립자이기도 하다. 그는 『존재와 사건』(1988)에서 '다양체의 존재론', 즉 다양한 존재의 이론을 구상한다. 그의 존재론에는 존재로부터 배제된 장소인 사건의 장소가 항상 존재한다. 이로써 바디우가 뜻하는 바는 존재, 즉 무언가의 현존은 지식의 영역에 속하는 데 비해 사건은 진리의 영역이자 지식을 넘어선 영역에 속한다는 것이다. 바디우는 주체가 사건 자체를 통해, 그리고 이 사건에 충실함으로써 생성된다고 파악한다.

그래서 바디우는 "진리사건"과 사건에 관한 "충실"이라는 개념을 창안한다. 그 밖에도 그는 플라톤과 그의 진리 개념으로의 회귀를 요청하고 사도 바울(추정컨대 기원후 10-60)을 보편성, 즉 보편타당한 진리의 형식적 창시자로 파악한다. 그럼으로써 바디우는 포스트모더니즘과는 반대로 보편주의와 과학적 합리주의로의 회귀한다. 그는 수학과 논리학이야말로 우리를 진리로 안내하는 필수 학문이라 보기 때문이다.

바디우가 2005년 「'유대인' 단어의 사용」이라는 논쟁적인 글을 발표한 후, 엄청난 비판이 그에게 쏟아졌다. 그는 친팔레스타인적 입장과 하마스와 헤즈볼라 같은 반이스라엘 조직들에 대한 동조 때문에 반유대주의 비판을 받고 있다. 그는 이스라엘과 팔레스타인 간의 분쟁에서 이른바 단일 국가 해법을 지지하며 이스라엘, 서요르단 그리고 가자 지구로 구성된 단일 국가가 형성되어야 한다고 본다. 프랑스에서 이스라엘과 팔레스타인 간의 분쟁에 대한 논쟁은 오랜 전통이 있다. 장 폴 사르트르(1905-1980), 자크 데리다, 질 들뢰즈와 미셸 푸코 같은 저명한 철학자들이 이 문제를 공론화했고 각자 이에 대한 입장을 밝혔다. 프랑스

* 지젝은 2007년 8월 "Die Zeit"에 실린 논평에서 바디우를 옹호한다.

에서는 정치적으로 참여하고 정치적 입장을 밝히는 것을 지식인의 의무로 간주해 왔다. 그럼에도 변화된 정치적 분위기 때문에 오늘날 바디우처럼 공개적으로 하마스에 공조하는 자는 대규모 비판을 감수해야 한다. 바디우는 반유대주의자로 낙인찍힐 위험을 무릅 쓰고서도 자신의 친팔레스타인적 입장을 숨기지 않는다. 시급한 정치적 주제를 부단히 공개적으로 언급해 온 바디우에게는 새로운 일이 아니다.

바디우에 대한 찬반론

바디우의 철학적 구상에 대한 지젝의 입장은 양가적이다. 지젝은 한편으로는 바디우의 엄격한 비판가로, 예를 들어 진리를 "강요"할 수 있다는 바디우의 생각에 문제가 있다고 본다. 바디우의 진리 관념은 지젝이 보기에는 라캉의 한 위트에 나타난 논리와 비교될 수 있다. 그 위트는 이러하다. "내 약혼자는 약속에 늦는 법이 없다. 왜냐하면 그녀가 늦게 오면, 그녀는 더 이상 내 약혼자가 아니기 때문이다." 나의 약혼자는 이 위트에서 결코 늦지 말라는 구속에 예속된다. 즉, 그녀는 항상 정확히 나타나야 한다는 강요를 받는다. 왜냐하면 그녀가 늦게 온다면 나는 그녀를 떠날 것이기 때문이다. 하지만 우리는 우리의 약혼자를 강요할 수도, 진리를 강제할 수는 없다. 지젝에 의하면 진리에의 충실이 과도한 강박으로 작동하는 순간, 우리는 더 이상 진리가 아니라 진리사건에의 충실과 관련하기 때문이다.

다른 한편 지젝은 바디우를 상대주의와 글로벌 자본주의에 대한 '투쟁'에서의 동맹자로 본다. 왜냐하면 바디우는 지젝처럼 보편주의와 보편적 진리 개념으로 회귀하기 때문이다. 저서 『세계의 논리』(2006)에서 바디우는 민주적 유물론과 유물론적 변증법을 구분한다. 민주적 유물론에는 신체와 언어만이 존재한다. 유물론적 변증법은 그와는 달리 "그렇다. 신체와 언어만이 있다. 진리가 존재한다는 사실을 제외한다면 말이다"라고 주장한다. 바디우에게 포스트모더니즘은 민주적 유물론의 다양한 형태이다. 이와 달리 바디우는 우리의 현실에 진리가 작동 중이라고 생각한다. 모든 것이 물질적, 언어적 조건들의 작용이라고 볼 수는 없다. 진리는 그러한 조건들과 무관하게 나타날 수 있기 때문이다. 지젝은 이러한 견해에 공감한다. 두 철학자는 진리란 존재하며 우리 현실에서 실제로 출현하고 경험 가능하다고 확신한다. 이를테면 아랍 세계의 권위주의적 정권에 저항한 해방 운동인 '아랍의 봄'이 그러한 현상으로 간주될 수 있다.

기독교와 정신분석학

지젝은 그의 저서에서 기독교에 대해 자주 언급하는데, 이는 라캉의 정신분석학에서의 주체의 생성과 기독교 신자의 '거듭남' 사이에 유사점이 있다고 보기 때문이다. 지젝에게 예수 그리스도의 부활에 관한 이야기인 기독교의 구원 복음은 현실을 파괴하고 실재의 효과를 산출하는 행위이며, 실재의 침입의 한 사례이다. 그러므로 해방의 종교로서 기독교의 해방적 잠재력은 예수 그리스도의 죽음이 대타자가 존재하지 않는다는 증거임을 보여준다는 점에서 기인한다. 상징적 현실은 불완전하고 빈틈이 있기 때문에, 주체는 무에서 스스로를 재창출해야, 즉 다시 태어나야 한다. 기독교적 주체의 재탄생은 새로운 상징적 질서를 확립하는 윤리적·정치적 실천을 수반한다. 지젝은 예수 그리스도의 십자가형을 '신의 계시의 실현'이 아닌 신의 불완전성에 대한 기호로 해석한다. 십자가형은 예수 그리스도의 필멸성과 그를 죽음으로부터 구원하지 않은 신으로부터의 분리를 나타내는 것이다. 지젝은 이렇게 라캉의 실재와 기독교의 신을 연관시킨다. 실재에 긍정적 실체가 없는 것처럼 신 또한 실체가 없다. 신은 단지 부정성 자체를 나타내는 것이다. 지젝에 의하면 기독교는 신의 비존재를 인정한다는 점에서 전복적이다. 그러므로 지젝에게 기독교의 메시지는 대타자도, 신도 존재하지 않는다는 것이다. 그러나 신의 부재는 역설적이게도 행위의 근간에 놓인 참된 믿음을 위한 공간을 열어준다. 왜냐하면 이제 주체가 부재하는 신 대신에 윤리적·정치적 행위의 위험을 감수하기 때문이다. 그래서 나는 행위의 위험을 무릅 쓰고 나는 믿음을 온전히 받아들인다. 이것이 지젝이 말하는 참된 기독교적 신앙이다.

기독교와 마르크스주의

지젝에 따르면 오늘날 유물론(물질을 현실의 유일한 근거로 인정하고 정신은 물질의 작용이라고 간주하는 철학적 견해)의 과제는 기독교의 전복적 핵심을 재발견함으로써 마르크스주의의 아직 실현되지 않은 잠재력을 활성화시키는 데 있다. 지젝은 한편으로는 유물론적 접근을 통해서만 기독교의 전복적 핵심에 이를 수 있다고 주장한다. 그러나 다른 한편 그는 참된 변증법적 유물론자가 되기 위해서는 기독교적 경험을 거쳐야 한다고 본다. 이때 주체의 탄생과 새로운 질서의 수립을 위해 필수적인, 기독교와 마르크스주의에 공통적인 전복적 핵심을 활성화시키는 것이 관건이다. 이를 위해서는 기독교인들과 마르크스주의자들이 연합하여 배제된 자의 위치를 점유해야 한다.

참된 보편성은 사회에서 자기 자리를 지니지 못한 배제된 자와의 동일시를 통해서만 성취되기 때문이다. 지젝에게 기독교는 해방적 종교 그 자체여야 한다. 이는 예수 그리스도가 빈민들과 억압받은 자들의 수호자로 정의를 재건하기 위해 이 세상에 왔다는 것을 생각할 때 놀라운 일이 아니다. 지젝은 자신의 생각을 다시 한번 농담으로 설명한다. 한 공산주의 선동가가 죽은 후 지옥에 간다. 그러나 그는 문지기에게 자신을 천국으로 보내달라고 설득한다. 악마가 그가 사라진 것을 알아차리고서 그를 다시 지옥으로 보내달라고 신께 요청한다. 그러자 그는 바로 신께 간구한다. "주님…" 신이 그의 말을 중단한다. "첫째, 나는 주님이 아니라 동지다. 둘째, 너는 허구적 존재와 말할 만큼 정신이 나간 건가? 나는 존재하지 않는다! 그리고 셋째, 짧게 하라, 그렇지 않으면 나는 정당 모임을 놓칠 수 있다!" 지젝에 따르면 이 농담에 나타난 신이 오늘날 급진 좌파가 필요로 하는 신, 완전히 "인간이 된" 신이다. 그는 "존재하지 않으며", 그 자신도 그 사실을 알고 있다.

정신분석학적 윤리학

지젝은 그의 저서 『윤리적인 것의 정치적 중지』(2005)에서 윤리를 다룬다. 윤리에 대한 그의 사유는 라캉의 정신분석학적 윤리에 결정적인 영향을 받았다. 라캉에 따르면 주체는 우선 복합적인 인간 상호 간 맥락에 내맡겨져 있다. 그러므로 그는 자기 자신에 대해 완전히 책임을 질 능력이 없다. 그래서 라캉은 이렇게 주체의 자유가 처음부터 제한되는데도 불구하고 어떻게 주체는 윤리적으로 행동할 수 있는가 묻는다. 라캉에게 우리의 자율성이 제한적이라는 것은 도덕적 행위의 불가능성을 뜻하는 것이 아니라, 오히려 도덕적 행위 일반을 위한 조건이다. 그래서 우리와 다른 사람들 사이에는 우리처럼 타자들도 제한되고 결함이 있다는 일종의 연대감이 형성된다. 우리가 자율적 주체 개념을 포기하고 우리의 유한성을 수용할 때 비로소 윤리를 위한 새로운 길이 열리는 것이다.

정신분석학적 윤리는 전통적 윤리와 근본적으로 구별된다. 전통적 윤리는 선 개념을 다룬다. 반면 정신분석학적 윤리는, 우리가 선하고자 한다면 우리의 욕망을 제쳐 두어야 하므로 선에서 욕망의 장애물을 본다. 이 윤리의 목표는 욕망의 극복이 아니라, 반대로 욕망에 따라 행동하는 것이다. 전통적 윤리는 주체에게 선과 도덕을 위해 향락을 포기하라고 충고한다. 이와 달리 정신분석학적 윤리는 주체에게 자신의 욕망과 향락에 직접 대면하라고 요구한다. 정신분석학은 사회적 규범의 지시에 저항할 개인의 권리를 옹호한다. 라캉에게 무의식은 윤리적 명령과 연결되며 이로써 주체의 자유를 위한 기반을 형성한다.

윤리적 폭력

지젝은 윤리에 대한 성찰에서 유대교 및 기독교 윤리와 뉴에이지 윤리라는 근본적으로 상이한 두 가지 윤리를 언급한다. 뉴에이지('새로운 시대'의 영어 표현)는 히피 운동 주변부에서 형성된 밀교적 흐름들을 지칭하는 총 개념이다. 유대교의 윤리와 유대교에 뿌리를 두는 기독교의 윤리는 윤리적 폭력에서 기인한다. 두 윤리는 말하자면 윤리적 규준을 지닌 더 높은 심급에 의해 규정된다. 이러한 상위 심급(두 유일신 종교의 경우 이것은 신이다)의 윤리적 규준은 성경의 '십계명'의 '선포'에서 뚜렷이 드러난다. 구약은 하나님이 어떻게 시나이산(이집트, 오늘날 시나이반도에 속한다)에서 예언자 모세에게 나타났으며 어떻게 그에게 십계명을 전달했는지 기록한다. 지젝은 신의 현현, 즉 평소에는 '부재하는' 신의 예기치 않은 출현을 트라우마적 충격경험에 필적하는 폭력행위로 이해한다. 그러므로 지젝에게 십계명의 선포는 가장 순수한 형태의 윤리적 폭력이다. 십계명을 모두에게 유용한 절대적 규칙으로 확정한 유대 기독교 교리와는 달리, 뉴에이지 윤리는 개체의 자아실현을 목표로 한다. 유대 기독교 윤리는 구원이 항상 외부로부터, 즉 신의 자비에서 비롯된다고 본다. 따라서 구원은 인간 주체의 세력이 미치는 범위 외부에 위치한다. 이와 달리 뉴에이지 윤리는 자기초월에의 가능성이 모든 개체들에게 처음부터 주어져 있다고 가정한다. 모든 개체들은 이러한 가능성을 실현할 과제를 지닌다는 것이다. 지젝에 의하면 유대 기독교 윤리에서 절대적 타자의 등장을 위한 조건은 윤리적 폭력의 양식으로 나타난다. 따라서 지젝에게 윤리적 폭력은 실재계의 충격적인 침입과 동일한 의미를 갖는다. 지젝의 윤리는 이렇듯 한편으로는 정치와, 다른 한편으로는 신학과 결부된다. 윤리적 폭력은 정치와 신학의 위태로운 만남이다.

보론: 에마뉘엘 레비나스(1906-1995)

에마뉘엘 레비나스는 리투아니아 출신의 프랑스 철학자이다. 그의 철학은 에드문트 후설(1859-1938)과 마르틴 하이데거(1889-1976)의 현상학에 기반을 두고 있지만, 유대교 문헌에서도 큰 영향을 받았다. 레비나스는 윤리를 '제1철학', 즉 근본 철학으로 이해한다. 이로써 그는 형이상학을 '제1 철학'으로 간주하는 고전적 철학과 자신의 철학을 구분한다. 레비나스는 이때 윤리와 정치의 근본적인 비호환성을 주장한다. 레비나스에 의하면 윤리는 타자에 대한 절대적 책임을 기반으로 한다. 이때 타자에 대한 윤리적 책임은 불균등하게 분배되고 상호 제약적이지 않다. 러시아 작가 표도르 미하일로비치 도스토옙스키(1821-1881, 『죄와 벌』, 『카라마조프 형제들』의 저자)는 이러한 불균등한 관계를 다음과 같이 요약한다. "우리 모두는 모든 것에 책임이 있고 모든 사람 앞에 유죄이다. 그러나 이 사실은 다른 누구보다 나에게 가장 많이 해당된다." 나아가 도스토옙스키의 작품을 특히 잘 알고 있었던 레비나스는 나아가 그가 자아와 타자 사이의 이런 비대칭적인 관계를 근원적으로 주어진 우리 실존의 토대라고 설명한다. 타자와의 근본적으로 비대칭적인 관계없이 고유한 실존은 불가능하다는 것이다. 레비나스에 따르면 윤리는 모든 사람이 평등할 권리가 있는 정치의 영역과는 다르다. 그러나 지젝의 관점으로는 윤리와 정치에 대한 이런 이해는 윤리의 본질적으로 정치적인 차원을 경시하므로 "탈정치적"이다. 그는 레비나스와 달리 윤리와 정치 사이의 필연적 관계를 고려해야 한다고 본다. 왜냐하면 그의 견해에 따르면 정치는 윤리적 결정의 토대를 형성하기 때문이다. 이러한 이유로 그는 정치가 윤리에 기반할 수 있다는 일반적 생각을 거부한다. 정치는 오히려 윤리적 질문이 제기되는 공간으로 파악해야 한다. 이것은 레비나스처럼 정치와 윤리의 비호환성을 전제한다면 놓치게 되는 지점이다.

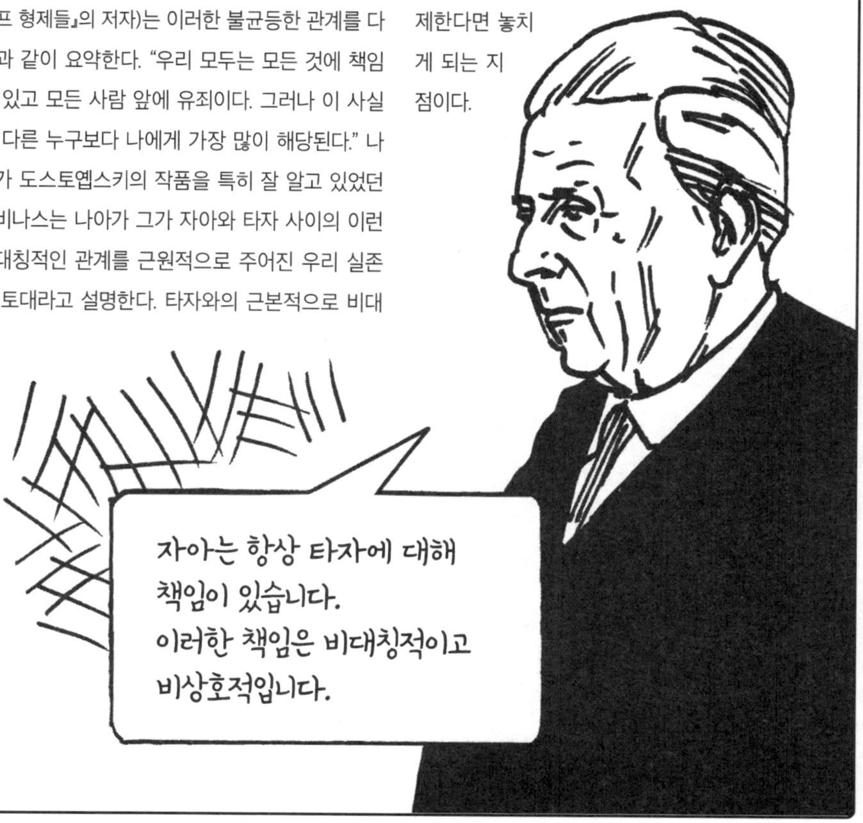

폭력

지젝은 그의 저서 『폭력』(2001)에서 폭력에 대해 논쟁적인 주장을 펼친다. 여기서 그는 발터 벤야민(1892-1940)이 그의 에세이 「폭력의 비판에 관하여」(1920)에서 서술한 '신적 폭력' 개념을 언급한다. 지젝에게 신적 폭력은 '초자연적인' 힘이 아니라 순수한 인간 충동의 표현이다. 벤야민의 신적 폭력 개념에 드러난 신학적 차원은 지젝의 독법에서 세속적 차원으로, 다시 말해 본능적 과잉이라는 현세적 차원으로 변모한다. 하지만 신적 폭력은 지젝에게 있어 하나의 의미에 머물지 않고 복합적인 의미를 포괄한다. 첫째, 그것은 의미 없는 기호이다. 신적 폭력은 그 의미를 알 수 없으므로 상징계에 속하지 않고 인식에서 벗어난 차원인 실재계에 속한다. 우리는 신적 폭력을 하나의 기호로 해석할 수는 있지만 그 배후에 숨겨진 의미를 알 수는 없다. 둘째 신적 폭력은 역사의 지속적 발전과의 단절을 표시한다. 그것은 항상 갑자기 근거 없이 출현하기 때문이다. 그러므로 신적 폭력은 역사의 연속체에 편입될 수 없다. 셋째, 신적 폭력은 항상 주관적 결정과 결부된다. 객관적 기준이 부재하므로 폭력 행위를 신적인 것으로 이해할 위험성이 전적으로 주체에게 놓여있기 때문이다. 신적 폭력은 객관적이지도 주관적이지도 않다. 지젝은 폭력의 역할을 인정한다. 의심스러운 태도라 할 수 있지만, 지젝은 폭력이 사회질서의 실제적 변화를 불러일으킬 수 있고 사회 질서를 개편하는 데 본질적일 경우에는 필요하다고 본다. 지젝은 폭력을 혁명과정의 진정성에 대한 신호로 이해하기 때문이다. 폭력은 기존의 권력관계가 실제로 붕괴되고 있다는 신호라는 것이다. 그러므로 지젝에게 사회의 전복은 이 전복이 폭력의 급작스런 침입으로 나타날 때 비로소 진정한 것이다. 이러한 급작스런 폭력이야말로 현존하는 시스템적 폭력을 붕괴시킬 수 있는 유일한 가능성을 제시하기 때문이다.

보론: 발터 벤야민(1892-1940)

발터 벤야민은 독일의 철학자, 문화비평가이자 문학평론가였고 막스 호르크하이머(1895-1973), 테오도르 아도르노(1903-1969), 헤르베르트 마르쿠제(1898-1979) 등 이른바 '프랑크푸르트학파'의 영향권에 속한다. 그들의 이론은 서구 마르크스주의의 한 변형태이며 흔히 '비판이론'으로 불린다. 벤야민은 미학·문화이론 및 매체이론 분야에서 의미 있는 저술을 남겼다. 그의 에세이 「기술복제 시대의 예술작품」은 매체학자들의 필독서로 자리 잡았다. 지젝 외에도 다른 수많은 현대 철학자들이 그를 참조한다.

벤야민의 초기작은 유대교 신비주의의 영향을 받은 까닭에 밀교적 성격이 특징적이다. 그러나 그는 공산주의자 아샤 라치스(1891-1979)와 작가 베르톨트 브레히트(1898-1956)를 만난 후 마르크스주의에 관심을 갖게 되었다. 그래서 그의 후기작은 마르크스주의적이다. 그는 1925년 『독일 비극의 원천』에 대한 교수자격취득 논문이 프랑크푸르트 대학교로부터 거부된 후 저널리스트이자 문학비평가로 활동한다. 1927년 그는 파리에서 미완으로 남은, 『아케이드 프로젝트*Passagen-Werk*』로 널리 알려진 방대한 문화이론 연구를 시작했다. 그는 나치에 의해 강제수용소로 실려갈 것이라는 불안감에서 1940년 스페인 국경 포르부에서 자살한다. 그의 변증법적 사적 유물론과 그의 신적 폭력 개념은 지젝의 철학에서 중요한 역할을 한다. 에세이 「폭력의 비판에 관해」(1921)에서 벤야민은 입법적 폭력을 "신화적" 폭력으로, 법을 파기하는 폭력을 "신적" 폭력이라 칭한다. 벤야민에 의하면 법의 내부에는 입법적 폭력과 법보존적 폭력이 항상 혼재한다. 입법적 폭력은 법보존적 폭력을 전제하며, 법보전적 폭력은 입법적 폭력을 전제한다. 벤야민에 의하면 법의 이러한 신화적 자기정당화는 오직 신적 폭력을 통해서만 극복 가능하다. 신적 폭력은 신화의 순환과 급진적으로 단절하는 초월적 움직임인 것이다.

무(無)보다 더 적은 것

라캉은 대타자는 존재하지 않는다고 단언한다. 즉, 상징적 질서에 일관성을 부여할 수 있는 보증인은 없다는 것이다. 상징적 질서는 일관성이 없고 불완전하기 때문에 허구를 통한 보완이 필요하다. 이로부터 지젝은 현실은 불완전하다는 결론을 내린다. 현실은 심지어 "무(無)보다 더 적은 것"이다. 그의 주요 저서 『무보다 더 적은 것. 헤겔과 변증법적 유물론의 그늘』(2014)에서 지젝은 이렇게 말한다. "아무것도 없는 게 아니라 무언가가 있다. 현실이 단순한 무 이상이어서가 아니라, 무보다 더 적기 때문이다. 현실의 공허를 은폐하기 위해 현실은 허구를 통한 보완을 필요로 한다." 지젝은 현실의 허구 너머에 허구의 현실이 있다고 말한다. 허구는 실제적 효과를 가지며, 그러므로 현실 자체의 구성을 위해 필수적이다. 허구를 통해 지탱되지 않는 현실이란 없다. 이데올로기는 일반적으로 실제 효과를 창출하고 상징적 현실을 지탱하는 허구의 역할을 맡는다. 그러므로 이데올로기는 단순히 '거짓 의식'으로 파악될 수는 없다. 반대로 이데올로기는 현실 자체의 구성을 위해 필수적이다. 이데올로기는 추가로 덧붙여지는 것이 아니라, 그 자체로 이데올로기적으로 왜곡된 현실의 일부인 것이다.

이러한 허구와 현실 사이의 뒤얽힘을 잘 보여주는, 어떤 환자에 대한 농담이 있다. 한 환자가 자신의 정신분석학자에게 그의 침대 밑에 커다란 악어가 있다고 말한다. 의사는 이것이 편집증적 환각이라 말하고 그를 치료한다. 환자는 결국 악어 보기를 멈춘다. 몇 달 후 정신분석학자는 악어 환상을 지녔던 예전 환자의 친구를 만나 우연히 거리에서 만나 그에게 그 환자는 잘 지내는지 묻는다. 그 친구가 이렇게 답한다. "어떤 사람을 말씀하시나요? 침대 밑에 숨어있던 악어에 잡아 먹혀서 죽은 그 친구요?" 이 농담에서 현실과 허구 사이의 경계는 모호하며, 실제 효과를 야기하는 데 허구가 얼마만 한 힘을 갖는지가 드러난다.

크림 없는 커피, 우유 없는 커피

지젝은 현실의 불완전성 개념을 보다 구체적으로 설명하기 위해 독일계 미국인 감독 에른스트 루비치(1892-1947)의 연애 코미디 〈니노치카〉(1939)의 일화를 예로 든다. 주인공이 한 카페에 가서 크림 없는 커피를 주문한다. 웨이터가 이렇게 대답한다. "죄송하지만, 크림이 다 떨어졌어요. 우유 없는 커피를 드려도 될까요?" 두 가지 경우에 고객은 블랙커피를 받는다. 그러나 이 커피는 매번 다른 부정에 의해 동반된다. 한 번은 크림 없는 커피, 다음은 우유 없는 커피로. 지젝에 의하면 이 이야기는 결핍 자체가 긍정적 특징으로 기능하는 특별한 논리를 보여준다. 공산주의가 없는 민주주의는 예를 들어 자본주의 없는 민주주의와 동일하지 않다. 여기서 중요한 것은 부정의 제외된 내용이다. 지젝은 동일 주제에 대해 또 다른 농담을 소개한다. 사회주의 폴란드에서 온 농담으로, 한 고객이 상점에 가서 묻는다. "여기 아마 버터가 없겠지요?" 상인이 말하길, "유감스럽게도 우리 가게는 화장지가 없어요. 맞은편 가게가 버터가 없는 가게죠!" 지젝에 따르면 몬테네그로인에 대한 구 유고슬라비아의 농담에도 같은 논리가 적용된다. 왜 몬테네그로인은 잠자러 갈 때 빈 컵과 가득 찬 물컵을 침대 옆에 둘까? 그 답변은, 그가 밤에 목이 마를지 어쩔지 모르기 때문이라는 것이다. 이 농담의 의미는 부재 자체가 긍정적으로 기재되어야 한다는 것이다. 가득 찬 물 컵을 두는 것만으로는 충분하지 않다. 왜냐하면 몬테네그로인이 갈증이 안 나면 그는 그 컵을 그저 무시할 것이기 때문이다. 이 부정적 사실은 빈 컵을 통해 인식되어야 한다. 즉, 불필요한 물은 빈 컵의 공백 속에 구체화되는 것이다. 따라서 현실의 불완전성에 대한 지젝의 논리에는 존재론적 차원뿐만 아니라 정치적 차원도 내포되어 있음이 여기에서 드러난다.

변증법적 유물론

『절대적 반격』(2014)에서 지젝은 변증법적 유물론을 새롭게 정립하고자 시도한다. 그의 유물론은 이때 그가 더 이상 물질의 사물적 개념을 전제하지 않기 때문에 '구' 유물론과 구별된다. 지젝에 따르면 우리는 물질성을 "비활성적 실체"로 이해해서는 안 된다. 그러므로 물질은 전통적 의미로서 물질적이지 않다. 그래서 지젝의 변증법적 유물론은 기존의 유물론과 구분된다. 그는 결코 정신 또는 주체를 물질적 토대로 축소하지 않는다. 그에게는 정신과 물질의 이원론도 실질적 물질도 존재하지 않는다. 오히려 실질적 물질이 관계망 속에서 해체되는 "유물론 없는 유물론"이 문제시된다. 지젝은 주체는 비물질적이므로 물질적 조건으로 축소될 수 없다고 강조한다. 나 자신이 곧 나의 육체가 아니라는 사실이 지젝에게는 주어진 물질적 틀을 초월하는 주체의 진정한 행위의 가능성을 열어준다. 왜냐하면 고전적 마르크스주의처럼 정신이 물질적 토대의 단순한 작용이라고 간주한다면 주체는 결코 주어진 물질적 기반을 극복할 수 없을 것이기 때문이다. 지젝은 '구' 유물론과는 거리를 둠에도 불구하고 마르크스적 전통을 따르며, 변증법적 유물론의 새로운 정립의 필연성은 엥겔스(왼쪽 참조) 이후 이미 사적 유물론에 이미 정초되어 있다고 강조한다. 유물론은 자연과학적 영역의 모든 획기적 발견과 더불어 자신의 형식을 바꾸어야 한다고 엥겔스가 이미 말한 바 있기 때문이다. 그러한 획기적 발견의 한 예는 양자물리학의 발견이다. 양자물리학은 기존의 물리학과 근본적으로 구별되므로, 유물론 또한 이에 맞춰 그 형식을 갱신해야 하는 것이다. '구' 유물론이 뉴턴 물리학에 기반하는 반면, 지젝의 변증법적 유물론은 양자물리학에 기반한다.

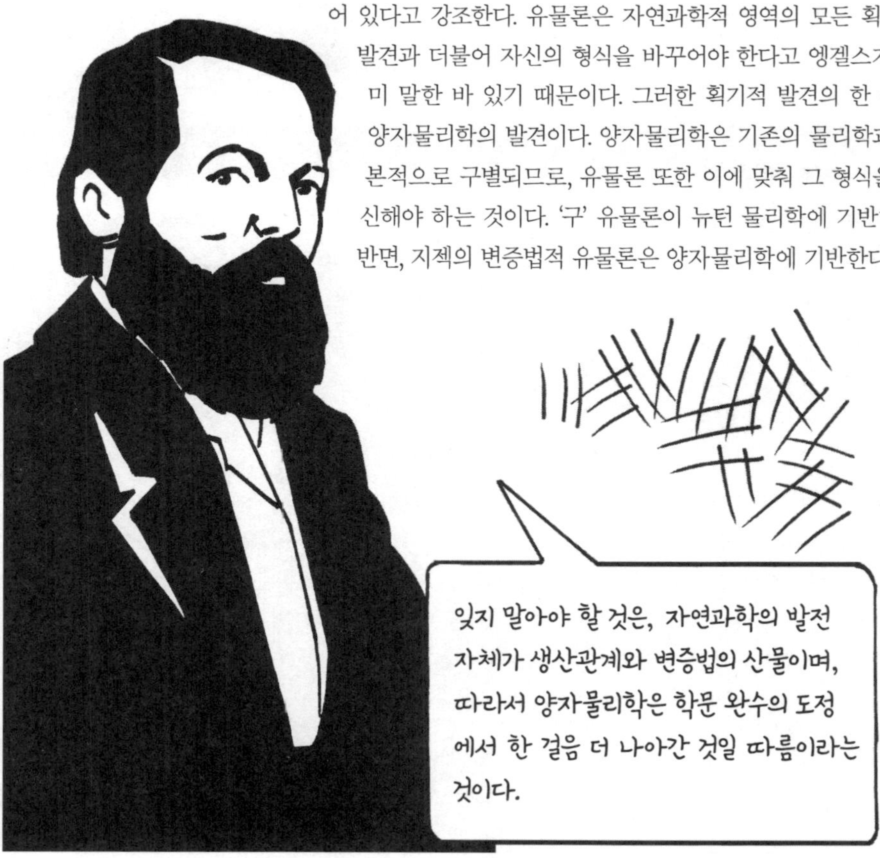

$E=mc^2$ $E=mc^2$ $E=mc^2$

뉴턴 물리학은 알베르트 아인슈타인(1879-1955, 우측 참조)의 상대성이론이 나올 때까지 유효했다. 그 외의 다른 혁신은 양자물리학이다. 상대성이론과 양자물리학은 오늘날 현대 물리학의 두 주축으로 간주된다. 운동의 기본 법칙을 정의하는 뉴턴 물리학은 오늘날 제한된 영역에서만 유효한, 물리학의 경계적 사례로 간주된다. 그에 비해 양자물리학에서는 지젝이 그의 저서에서 기술한 저 수수께끼 같은 물질성이 출현한다. 양자물리학은 소립자가 어떠한 객관적 특성을 갖지 않고, 어떻게 측정되는가에 따라 다양한 특성으로 나타날 수 있다는 사실을 발견했던 것이다. 그러므로 지젝의 변증법적 유물론은 양자물리학의 도전에 대한 하나의 답변으로 이해될 수 있다.

보론: 양자물리학

양자물리학은 물리학의 가장 작은 단위를 다루는 물리학의 한 부분 영역이다. 양자물리학은 매우 작은 입자의 측정은 종종 고전 물리학과 모순되는 결과를 가져온다는 것을 발견했다. 예를 들어 하나의 입자는 두 개의 장소에 동시에 머물 수 있다. 또한 동시에 다른 방향으로도 움직일 수 있다. 입자가 갖는 이러한 괴상한 성질을 관찰함으로써 물리학이 장소, 시간, 측정도구에 의존적이라는 결론을 내릴 수 있다. 입자의 영역에서 현실은 더 이상 객관적 측정이 불가능하다. 따라서 베르너 하이젠베르크(1901-1976)는 자신의 유명한 "불확정성원리"를 공식화했다. 그에 따르면 입자의 위치와 속도를 동시에 정확히 규정하는 것은 불가능하다. 하이젠베르크에게 불확정성원리는 측정도구의 기술적 불충분함에서 유래하는 게 아니라 원칙적인 것이다. 즉, 입자를 불명확하게 나타나게끔 하는 것은 측정도구에 달려있지 않다. 이와는 반대로 입자의 본성 자체가 불확실한 것이다.

막스 칼 에른스트 루드비히 플랑크(1858-1947)는 양자물리학의 창시자로 간주된다.

자본주의 비판

늦어도 2008년 글로벌 금융위기 이후 자본주의 비판은 지젝의 작업에서 중요한 요소에 해당된다. 지젝은 브레히트가 『서푼짜리 오페라』(초연 1928)에서 쓴 다음의 문구를 즐겨 인용한다. "은행 설립에 비하면 은행 절도는 별것 아니지 않은가?" 지젝은 브레히트와 더불어 이렇게 답한다. 은행을 세우는 것은 은행을 터는 것보다 더 큰 범죄가 아닌가? 지젝에 따르면 글로벌 자본주의의 유토피아는 두 번 죽었다. 첫 번째는 비극으로서 두 번째로는 코미디로서. 자본주의의 첫 죽음은 2001년 9월 11일 뉴욕 세계무역센터 공격 시에, 그리고 두 번째 죽음은 2008년 금융위기 때 일어났다. 그로써 오늘날 자본주의의 이데올로기로서 자유민주주의의 환상은 죽었다. 자유민주주의는 빈부 격차를 더 크게 만들었고, 테러의 확산과 금융위기에 대한 주요 원인 중 하나이기 때문이다. 그렇다면 자유민주주의를 대체할 수 있는 것은 무엇일까? 지젝은 그것은 좌파 사회주의도 우파 포퓰리즘도 아니고 공산주의라고 답한다.

지젝은 오늘날 글로벌 자본주의에는 네 가지 주요한 적대가 존재한다고 말한다. 생태적 파국의 위험, 이른바 "지적 재산"에 대한 사유재산 관념의 부적절성, 새로운 기술 및 학문의 발전, 새로운 형태의 아파르트헤이트, 새로운 장벽과 슬럼가가 그것이다. 지젝이 볼 때 사회에 포섭된 자들과 배제된 자들을 구분하는 격차와 우리 사회의 공동적 실체를 지시하는 다른 세 가지 적대들 사이에는 질적인 차이가 있다. 다른 세 가지 적대들이 "인류의 생존"과 관계되는 반면, 네 번째 적대는 "정의"에 대한 물음을 제기하기 때문이다. 지젝이 볼 때 배제와 포섭 사이의 네 번째 적대는 다른 것들을 위한 기준이 되므로 결정적인 적대이다.

즉, 네 번째 적대가 해결되면 다른 모든 적대도 해결되는데, 이는 네 번째 적대가 다른 모든 적대들을 결속시키는 매듭으로 기능하기 때문이다. 이 적대는 빈자와 부자, 배제된 자와 포섭된 자 사이의 간극을 점점 더 벌어지게 하는 글로벌 자본주의를 통해 야기된다. 다른 적대들은 많든 적든 네 번째 적대와 관련이 있다. 그것은 다른 세 가지 적대들의 원인이 되므로, '문제의 근본을 다루기' 위해서는 네 번째 적대부터 시작해야 하는 것이다. 그렇지 않으면 문제들의 근원적 해결책에 이를 수 없게 된다. 예를 들어 생태학적 위기는 글로벌 자본주의와 성장에 대한 부단한 요구로 인해 야기되었다. 이 위기는 경제구조의 근본적 개혁을 통해서만 해결될 수 있다. 지젝이 배제와 포섭이라는 네 번째 적대에 우선순위를 두는 것은 근본적으로 마르크스가 주장하는 하부구조의 우선순위에 상응한다.

보론: 베르톨트 브레히트(1898-1956)

베르톨트 브레히트는 독일의 작가이자 감독이며 20세기 가장 중요한 극작가 중 한 명이었다. 그는 이른바 "서사극"의 창시자로 고전적 연극의 대안적 개념으로 이를 발전시켰다. 그는 마르크스주의자로, 연극을 계몽의 도구로 이해했고, 이를 위해서는 관객에게는 사유과정을 촉진시켜야 한다고 보았다. 관객은 극장이 환상임을 의식하고 비판적 거리를 유지해야 한다. 『서푼짜리 오페라』(초연 1928), 『억척어멈과 그 자식들』(초연 1941), 『갈릴레이의 생애』(초연 1943) 및 『코카서스의 백묵원』(초연 1951)은 브레히트의 가장 잘 알려진 작품들이다. 초기 브레히트는 표현주의 작가였지만 1926년부터 마르크스주의로 전향했다. 그는 공산주의자들과 공감했고 주요 마르크스주의 지식인 및 예술가들과 긴밀히 접촉했지만 공산당에 가입한 적은 없다. 그는 한스 아이슬러(1898-1962)와 발터 벤야민과 친밀한 우정을 유지했다. 1933년 그는 독일을 떠나 스위스로 망명길에 올랐고, 후에 덴마크로 갔다. 그러나 1949년 동독으로 돌아와 "베를린 앙상블"을 설립했다. 그는 베를린 앙상블의 예술작업을 지휘했으며 1954년 자신의 극장으로 인수했다. 그의 사후 앙상블은 그의 부인인 연극배우 헬레네 바이겔(1900-1971)에 의해 성공적으로 이어졌으며, 오늘날까지 독일에서 가장 중요한 극장 중 하나로 손꼽힌다.

보론: 서푼짜리 오페라와 서사극

『서푼짜리 오페라』는 쿠르트 바일(1900-1950)의 음악을 곁들인 브레히트의 극작품이다. 베를린에서 초연된 이 작품은 바이마르 공화국에서 가장 성공을 거둔 작품 중 하나였다. 서푼짜리 오페라는 존 게이(텍스트)와 요한 크리스토프 페푸쉬(음악)의 1728년 작 『거지 오페라』의 개작이다. 이 작품은 시장 메커니즘과 부르주아 도덕성의 신랄한 분석이며, 대기업과 조직화된 범죄 사이의 투쟁을 다룬다. 극 중 갱단 두목인 매키 메서는 "은행 설립에 비하면 은행 절도는 별것 아니지 않은가?"라는 도발적 질문을 던진다.

『서푼짜리 오페라』는 브레히트 서사극의 첫 작품이다. 고전 연극과 달리 서사극은 관객이 극 중 인물들과 동일시하도록 추구하지 않으며, 오히려 극 중 인물들에 비판적 거리를 취하도록 한다. 브레히트는 관객이 공감하기보다는 사유하도록 이끄는 극장을 원했다. 그는 "생소화(낯설게 하기) 효과"를 통해 이 목적에 도달하고자 했다. 이 목적을 위해 그는 의도적으로 연극을 환영에서 벗어나게 하여 그것이 연극이라는 사실을 의식하도록 한다. "생소화 효과"는 예를 들어 극 중 배우가 관객에게 직접 말을 걸 때 발생한다. 이를 통해 브레히트는 관객이 극에 동화되는 것을 방해한다. 고전극에는 무대와 관중석 사이에 명확한 경계를 지우는 상상적인 '네 번째 벽'이 존재한다. 그와 달리 서사극에서는 허구와 실재 사이에 상상의 벽이 부재한다. 브레히트는 후에 서사극 개념을 "변증법적 극장"이라고 칭한다. 변증법적 극장에서는 오락과 학습 사이에 모순이 발생해야 하며 관객의 환상을 파괴해야 한다. 그럼으로써 관객은 현재의 사회상황을 비판적으로 사유하고 질문하는 능력을 발전시킨다. 관객은 연극을 보편적 사회상황에 대한 우화로 보고 극 중에 묘사된 사회적 폐해가 어떻게 변화할 수 있을지 성찰해야 한다. 그러므로 브레히트의 연극이론은 정치이론이기도 하다.

아래를 봐!

지젝은 2011년 뉴욕에서 시작했고 아랍의 봄과 공공연히 관련하는 저항운동 “월가 점령 시위”를 지지했다. 그들의 중심 요구는 정치의 금융 분야 강력 통제, 정치적 결정에 대한 경제의 영향력 감소 및 빈부 간의 사회적 불평등 축소였다. 지젝은 시위자들 앞에서 이렇게 연설했다. “그들은 당신에게, 우리는 몽상가라고 말합니다. 진정한 몽상가는 사물이 무한대로 지속되리라고 믿는 사람들입니다. 우리는 몽상가가 아닙니다. 우리는 악몽으로 변하는 꿈에서 깨어났습니다. 우리는 아무것도 파괴하지 않습니다. 우리는 시스템이 어떻게 자멸하는지에 대한 목격자일 뿐입니다. 우리 모두는 만화의 고전적 장면을 알고 있지요. 고양이는 심연에 도달했지만 계속 앞으로 나가며 더 이상 자신의 발 밑에 땅이 없다는 것을 깨닫지 못합니다. 고양이는 아래를 바라보는 순간에야 비로소 바닥으로 추락합니다. 이것이 여기서 우리가 행하는 일입니다. 우리는 월가의 젊은이들에게 ‘이봐, 아래를 봐!’하고 알려주는 것입니다. 지젝의 관점에서 글로벌 자본주의는 몰락에 접어들었지만 자신이 심연에 이르렀다는 사실을 아직 모르고 있다. 지젝에 의하면 자본주의의 프로젝트는 좌초되었다. 그러므로 대안이 되는 경제 사회적 모델을 찾아야 할 때가 된 것이다. 더욱이 지젝은 자유민주주의는 자본주의와 떼놓을 수 없는 관계에 있다는 이유로 자유민주주의를 그 대안에서 배제한다. 사회주의가 자유민주주의와 시장경제를 수용하는 한, 사회주의 역시 그에게 대안이 아니다. 지젝에게 유일한 대안은 동유럽의 역사적 공산주의와는 엄밀히 구분되는 공산주의이다. 이른바 ‘현실사회주의’는 전적으로 권위적이고 전체주의적인 체계였기 때문이다. 오히려 지젝은 오늘날까지 그 어떤 타당성도 잃지 않은 공산주의의 소진되지 않은 잠재력을 옹호한다. 공산주의는 평등, 자유, 정의의 이념을 토대로 하므로 오늘날에도 여전히 실효성이 있다.

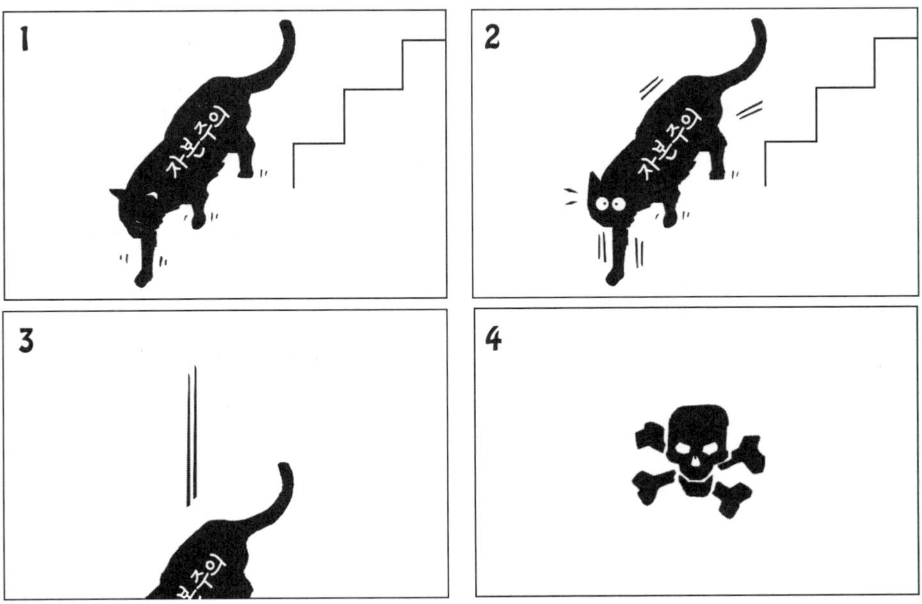

민주주의인가 아니면 프롤레타리아트 독재인가?

지젝은 민주주의가 자본주의와 분리될 수 없다고 생각하기 때문에 민주주의에 대해 비판적인 입장을 취한다. 그러므로 민주주의에 대한 유일한 대안은 공산주의, 즉 계급 없는 사회로의 이행을 뜻하는 "프롤레타리아트의 독재"라는 것이다. 프롤레타리아트의 독재는 마르크스주의의 개념이며 사회주의 혁명 후 노동자 계급의 정치적 지배를 뜻한다. 이는 다수의 이익을 위한 다수의 지배에 해당한다. 마르크스는 계급투쟁이 필연적으로 프롤레타리아트의 독재로 나아간다고 생각했다. 그러나 프롤레타리아트의 독재는 단지 모든 계급의 지양 및 계급 없는 사회로의 이행을 뜻할 뿐이다. 프롤레타리아트의 독재는 단지 자본주의와 공산주의 간의 이행형식에 불과하기 때문에 반드시 완전한 공산주의로 이행되어야 한다. 그것은 항간에서 행해지는 독재와는 아무런 관련이 없다. 그것은 민주주의의 반대가 아니라 오히려 민주주의의 근본적인 기능방식으로 이해될 수 있다. 프롤레타리아트의 독재는 처음부터 다른 형태의 독재들과는 반대되기 때문이다. 마르크스에 의하면 국가 권력의 전 영역은 독재의 영역이다. 즉, 국가 권력은 언제나 독재의 형식을 취한다. 이는 민주주의 국가에서도 마찬가지이다. 프롤레타리아트의 독재는 지배의 모든 형식들을 종식시키기 위해서는 필수적인 이행단계이다. 지젝에 의하면 프롤레타리아트는 스스로를 또 하나의 지배 계급으로 조직하는 구조적 능력이 없다는 특징이 있다. 그들은 자신의 반대편을 폐지함으로써 스스로를 폐지하는 유일한 계급이다. 하지만 지젝은 프롤레타리아트 개념을 수정한다. 그가 볼 때 이 개념은 변화된 오늘날의 사회에서 더 이상 노동자계급만을 뜻하지 않으며, 오히려 사회적 공간에 속하지 못한, 즉 그 안에 어떠한 자리도 점하지 못하는 사람들을 지칭한다. 슬럼 거주자, 난민, 프레카리아트precariat(단기노동, 시간노동, 단기 계약직 등에 종사하며, 일자리 불안정으로 인해 실존을 위협받는 그룹을 칭하는 표현) 등이 이에 속한다. 프레카리아트는 이탈리아 정치학자 알렉스 포티가 규명한, 후기 산업 사회의 새로운 산물이다. 포티는 『프레카리아트의 일반 이론』(2017)에서 후기 산업 사회의 프레카리아트는 산업사회의 프롤레타리아트였던 계급에 해당한다고 말한다.

계급투쟁

「공산당 선언」(1848)에서 마르크스와 엥겔스는 "지금까지 존재한 모든 사회들의 역사는 계급투쟁의 역사이다"라고 말한 바 있다. 자본주의 사회에서 계급투쟁은 노동자계급(프롤레타리아트)과 자본가계급(부르주아) 사이에 계급투쟁이 발생한다. 노동자계급의 혁명은 모든 계급 차이를 폐지함으로써 계급지배를 종식시켜야 한다. 마르크스와 엥겔스에 의하면 계급투쟁은 역사의 동력, 즉 역사적 발전의 추동력이다. 마르크스와 엥겔스는 공산당 선언에서 우선 계급투쟁이 사유재산과 인간의 인간 착취에 기반하는 모든 사회질서의 객관적 법칙임을 서술한다. 나아가 그들은 자본주의에서 프롤레타리아트와 부르주아 간의 계급투쟁이 새로운 차원에 도달했다고 강조한다. 노동자계급은 이 투쟁에서 부르주아지를 전복시키고 프롤레타리아트 독재를 확립하는 과제를 갖는 것만이 아니다. 노동자계급의 목표는 궁극적으로 모든 계급을 폐지하고 계급 없는 공산주의 사회를 수립하는 데 있다. 오늘날 지배적 견해는 현존하는 자본주의가 계급투쟁을 극복했다는 주장이다. 그에 반해 지젝은 우리 사회는 결코 사람들이 흔히 주장하는 것처럼 탈계급사회가 아니며, 계급투쟁이 문화투쟁으로 전환된 것도 아니라고 본다. 따라서 지젝에게 문화투쟁은 전위된 계급투쟁이다. 그러나 문화차이는 결코 전체 사회의 적대를 표현하지 않는다. 문화차이는 사회적 총체성의 열쇠로 기능하는 근본적 대립을 표현해내는 데 실패하기 때문이다. 지젝에게는 다른 모든 적대들을 규정하는 핵심적 적대가 존재한다. 그것은 바로 계급투쟁을 통해 극복되어야 할, 포섭된 자들과 배제된 자들 사이의 적대이다. 계급투쟁은 다양한 적대적 요소들을 상호 연결시키는 구조적 원칙으로 기능한다는 것이다.

비상브레이크로서의 혁명

고전적 마르크스주의는 때가 되면 역사가 자본주의 사회를 필연적으로 혁명으로 이끌 것이라고 전제한다. 그러므로 프롤레타리아트는 이러한 이유로 자유로운 사회를 위한 혁명적 투쟁이라는 자신의 예정된 과업을 완수하기만 하면 된다. 그러나 지젝에 의하면 오늘날 우리는 역사가 예정된 대로 발전하리라고 더 이상 믿지 않는다. 우리의 역사적 발전은 오히려 위기와 파국으로 치닫는 것처럼 보인다. 따라서 지젝에게 혁명의 과제는 더 이상 역사의 필연성을 실키는 것이 아니라, 오히려 "인류 역사의 파국적 열차를 멈추는" 데 있다. 지젝은 여기에서 혁명이 비상브레이크를 거머쥐는 손잡이라고 말한 벤야민 참고한다. 마르크스에게 혁명은 계사의 기관차임이 분명하다. 반면 나치즘의 재앙을 체험한 벤야민은 역사가 필연적으로 나은 방향으로 나아갈 것이라는 데 염세적인 입장이었고, 역사의 전개과정을 파국으로 보았다. 유일한 해결책은 파국적 전개 이전에 역사의 열차를 멈추기 위한 비상브레이크에 있다. 비상브레이크의 이미지는 기후변화, 종의 멸종, 금융위기, 테러리즘, 포퓰리즘, 급진적 우파 등 경제적, 생태적, 정치적 위기를 통해 위협받는 우리의 역사적 상황을 정확하게 묘사할 수 있다. 그러므로 지젝에 의하면 지금이 비상브레이크를 당길 시간인 것이다. 이는 구체적으로 혁명을 의미한다. 이때 지젝은 역사적 필연성에 반대해서 행동하는 우리의 자유로운 결정만이 이러한 참상을 막을 수 있다고 확신한다. 그래서 그는 계급투쟁을 다시 의제로 삼자고 주장한다.

무엇을 해야 하나?

지젝은 자본주의로 인해 야기된 위협적 재앙과 직면해 이제 우리는 무엇을 해야 하는지 묻는다. 참된 해방은 그에게 진리가 "삶으로 살아질" 때에만 가능하다. 그는 진리를 객관적 확실성이 아닌 반성적 내지 "참여적 진리"로 이해한다. 그의 견해에 따르면 지식과 달리 진리는 진리를 에워싼 투쟁에 참여한 사람들에 의해서만 인식될 수 있다. 진리는 믿는 자의 시선을 통해서만 인식 가능하다. 이런 관점에서 볼 때 진리는 사랑과 비슷한 것이다. 우리가 적극적으로 참여하지 않으면 모든 '객관적' 사실에 대한 단순한 설명만으로 실제적 해방을 가져오는 데 실패하게 된다. 모든 '객관적' 현실은 이미 투쟁하는 주관성에 의해 중재되기 때문이다. 지젝에 의하면 주관적 관점으로부터 독립된 '객관적' 현실이란 존재하지 않는다. 주관성은 소위 '객관적' 현실에 이미 기입되어 있다. 그러므로 진리는 오직 진리를 위한 투쟁을 통해서만 일어난다. 따라서 지젝은 혁명을 가능하게 하려면 객관적 조건이 '무르익기를' 기다릴 필요가 없다고 생각한다. 조건은 정치적 투쟁 자체를 통해 '무르익기' 때문이다. 이 점과 관련해 지젝은 혁명과정을 변증법적으로 파악한 폴란드의 마르크스주의자 로자 룩셈부르크에 동의한다. 그녀는 권력 장악을 위해서는 객관적 조건이 마련될 때까지 기다려야 한다는 지배적 의견에 반대했다. 반면 그녀는 적절한 시점을 기다리기만 한다면 혁명을 위해 '적시'는 결코 오지 않을 것이라고 보았다. 이런 적절한 시점이란 일련의 성급하고 좌초된 시도들 이후에야 비로소 오는 것이기 때문이다. 혁명적 주체는 객관적 거리를 두고 혁명과정을 이끌어나가는 것이 아니라 이 과정을 통해 비로소 형성된다. 따라서 혁명은 이전의 좌초된 시도들 없이 적시에 일어날 수는 없는 것이다.

로자
룩셈부르크
(1871-1919)

붉은 잉크, 파란 잉크

지젝이 좋아하는 농담 중에 동독에서 유래한 오래된 농담이 있다. 한 남자가 동독에서 시베리아로 업무차 파견되었다. 그는 자신의 편지를 검열관이 읽으리라는 것을 알고 친구에게 말한다: "우리 코드를 정하자. 내가 파란 잉크로 쓴 편지를 네가 받으면 내가 말한 건 정말이야. 붉은 잉크로 쓰여진 편지는 거짓말이고." 한 달 후에 그의 친구는 첫 편지를 받았다. 모든 것이 파란색으로 적혀 있었다. 편지 내용은 이러했다. "여기는 모든 것이 굉장해. 가게는 좋은 생필품으로 가득 차 있어. 영화관들은 서방의 영화를 상영하지. 집들은 크고 호화롭지. 네가 살 수 없는 유일한 것은 붉은 잉크야."

지젝에 의하면 이 농담은 우리 자신의 생활상을 정확히 반영한다. 우리는 우리가 원하는 모든 것을 다 가졌다. 우리에게 없는 것은 붉은 잉크, 즉 우리의 부자유를 표현할 언어뿐이다. 우리는 단지 우리의 부자유를 표현할 언어가 우리에게 결여되어 있기 때문에 자유롭다고 느낀다. 붉은 잉크의 결핍은 무엇을 의미하는가? 이는 지젝에게 우리가 자유를 표시하는 데 사용하는 중요한 개념들이 모두 잘못된 개념이라는 것을 의미한다. "테러와의 전쟁", "민주주의와 자유", "인권" 등의 개념은 결국 상황에 대한 우리의 지각을 왜곡한다. 우리는 그에 맞서 무엇을 해야 하나? 지젝은 우리 모두에게 붉은 잉크를 주는 것이 임무라고 말한다. 정치적 변혁에 대한 그의 요청은 따라서 이 개념들에 대한 작업을 해야 한다는 요청과 결부되어 있다. 그러므로 정치적 실천은 이론적 성찰과 함께 진행되어야 한다.

강요된 선택으로서의 자유

지젝에 의하면 우리가 자유라고 이해하는 것은 실제로 우리를 자유롭게 하지 않는다. 오히려 자유는 "강요된 선택"의 특성을 지닌다. 지젝은 이 개념을 보다 정확히 설명하기 위해 한 할리우드 코미디의 일화를 예로 든다. 영화 속에서 한 소녀가 남자친구에게 묻는다: "나랑 결혼할래?" "아니." 그녀가 이렇게 말한다. "문제를 회피하지 마! 분명한 답을 해줘!" 그녀가 인정할 수 있는 유일한 답은 "그래", 즉, 도피가 아닌 모든 것이다. 여기서 기초가 되는 논리는 강요된 선택의 논리이다. 우리는 올바른 선택을 한다는 조건 하에서만 자유롭게 결정할 수 있다. 한 신부가 회의적인 사람에게 이렇게 묻는다. "하나님을 믿습니까?" "아니오." 신부가 말한다. "문제를 피하지 마십시오!" 여기에서도 신부에게 유일한 분명한 대답은 신에 대한 믿음에 동의하는 것뿐이다. 회의론자가 신을 믿지 않기 때문에 믿음을 거부하는 것은 신부에게는 질문을 회피하기 위한 시도에 불과하다. 지젝은 여기서 민주주의와 근본주의 간의 선택의 유사점을 본다. 그에 따르면 두 가지 정치적 입장 사이에서 선택할 때 근본주의를 선택하는 것은 절대 불가능하다. 왜냐하면 그 선택은 민주주의의 적인 근본주의를 택하는 것을 처음부터 배제하기 때문이다. 이러한 선택의 틀 안에서 근본주의의 유일한 대안은 의회 자유민주주의 정치체제이다. 지젝은 지배 이데올로기가 우리로 하여금 마치 근본주의의 유일한 대안이 의회 자유민주주의인 것처럼, 근본주의와 민주주의 사이에서 결정하도록 강요한다고 비판한다. 반면 그는 근본주의의 태동이 글로벌 자본주의와 직접 연관되어 있다고 본다. 서구의 자유민주주의는 자본주의와 불가분의 관계이므로, 근본주의에 대한 참된 대안을 제시하지 못한다. 지젝에 의하면 근본주의는 급진적 좌파 정치를 통해서만 극복 가능하다.

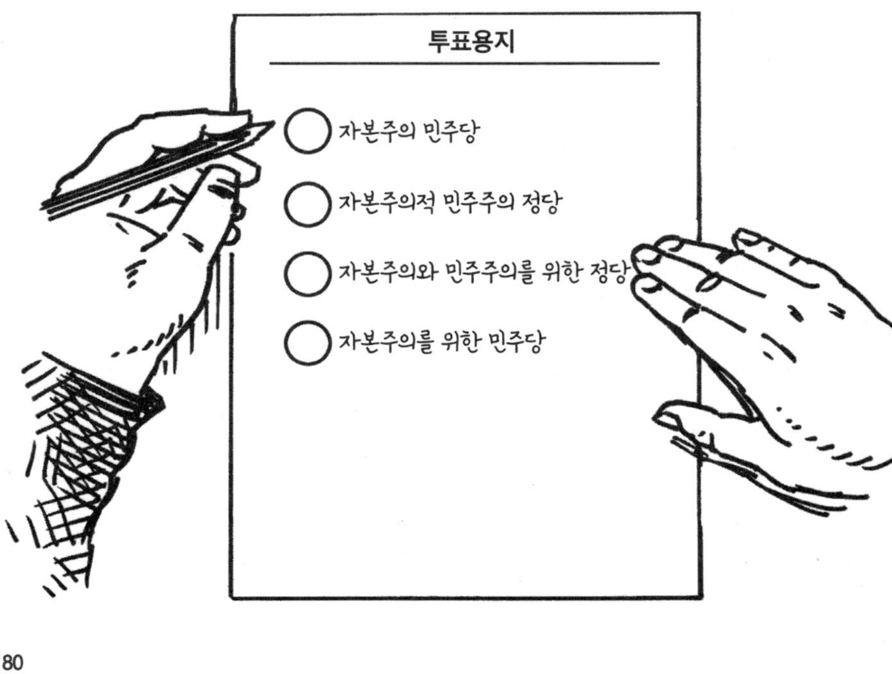

지젝, 자유의 철학자

지젝의 변증법적 유물론은 현실이 불완전하다는 인식에 기반한다. 현실은 흔들림 없이 견고한 것이 아니라 틈새와 해석 여지를 포함한다. 지젝에 의하면 현실의 불완전성이 주체의 자유를 가능하게 한다. 상징적으로 구성된 현실에서 벗어나는 무언가가 항상 존재한다. 이 잉여의 이름이 자유의 행위자로 기능하는 주체이다. 자유는 지젝에게 자연 또는 문화보다 더 근원적이다. 자유는 자연과 문화의 구분에 앞서는 급진적 부정성이다. 지젝에게 자유는 이성이 아니라 광기, 충동, 무의식과 같은 부정성 안에 있다. 그러므로 자유는 의식적 행위가 아니라 오히려 무의식적이다. 그러나 지젝에게 무의식은 의식의 반대말이 아니다. 오히려 무의식은 의식과 무의식의 구분에 선행하는 제3의 영역을 의미한다.

지젝은 의식 밖의 영역이 있다고 주장한다. 이 영역은 상징적이거나 이데올로기적으로 구성되지 않는 자유의 영역을 나타낸다. 그래서 여기에서는 예견치 않은 무언가가 일어날 수 있다. 이 영역의 이름이 실재이다. 실재는 지젝에게 자유의 기반이다. 실재가 존재하므로, 현실은 불완전하며 변형에 대해 열려있다. 실재는 상징적 현실에서 제외되므로 불가능하다. 그럼에도 그것은 발생한다. 이것이 지젝의 해방 정치를 특징짓는 불가능한 것의 가능성이다. 그러나 지젝은 주체의 진정한 행위 없이는 혁명 정치가 불가능하다는 점을 강조한다. 오히려 혁명 정치는 사건과 행위 주체 사이의 상호작용에서 발생한다는 것이다. 이것은 주체의 정치적 책임에 대한 호소이다.

마르크스주의, 정신분석학, 지젝

지젝의 철학에서는 마르크스주의와 정신분석학이 서로 밀접하게 연관되어 있다. 왜 그는 이 둘을 연관시키는가? 이 둘은 물질세계를 변화시키려는 공동의 목표를 지니기 때문이다. 마르크스주의는 사회를 변화시키려 하고 정신분석학은 주체를 변화시키고자 한다. 그러나 마르크스주의에는 개인에 대한 이론이, 정신분석학에는 사회분석이 결여되어 있다. 그래서 지젝은 마르크스주의를 정신분석학의 주체모델을 통해 보충하는 동시에 정신분석학을 사회이론으로 확장시킨다. 그러므로 그의 철학은 사회에 대한 정신분석인 동시에 혁명적 주체에 관한 이론이다. 그는 한편으로 정신분석학으로부터 커다란 영향을 받아 정신분석학의 실재와 주체 개념을 더욱 발전시킨다. 다른 한편 그는 마르크스주의를 참조한다. 이러한 독특한 결합으로 인해 지젝의 철학은 마르크스주의자들과 정신분석가들 양편에서 격렬하게 비판을 받는다. 정신분석가들이 정신분석학이 혁명이론이라는 생각에 동의하지 못하는 것처럼, 마르크스주의자들 역시 주체가 부정성이라는 생각에 동의하지 못한다. 그밖에도 지젝은 이론의 일관성 부족 및 그의 저작에서 유토피아에 대한 구체적 형식에 대한 설명이 부족하다는 이유로 비판을 받는다. 이러한 이유로 어떤 이들은 그의 이론이 사회적 처방으로 무용하다고 주장한다. 이러한 비판들은 정당하다. 그러나 그러한 논쟁에 맞서 인정해야 할 사안은 지젝의 관점에서 볼 때 유토피아적 미래상을 설계하기란 결코 불가능하다는 점이다. 마르크스주의자들이 믿는 것처럼 역사상 모든 것을 포괄하는 계획도, 예측 가능한 역사 발전 단계도 없기 때문이다. 이 지점에서 지젝은 마르크스주의와 거리를 두고, 대타자는 존재하지 않는다고 말한 라캉을 따른다. 미래는 항상 부정적이고 사유 불가능한 것으로 머문다. 그럼에도 우리에게는 여전히 진리를 위한 우리의 투쟁을 통해 미래를 구성하는 데 참여할 가능성이 있다. 지젝의 철학은 투쟁하는 주체들이 있는 한 진리는 발생한다는 것을 보여주고자 한 것이다.

참고문헌

입문용 문헌

Slavoj Žižek: The Sublime Object of Ideology. Verso, London/New York 1989.

— 슬라보예 지젝: 이데올로기의 숭고한 대상 (최영송 옮김). 커뮤니케이션북스 2016.

Slavoj Žižek: Liebe Dein Symptom wie Dich selbst! Jacques Lacans Psychoanalyse und die Medien. Merve, Berlin 1991.

— 슬라보예 지젝: 당신의 징후를 즐겨라! 할리우드의 정신분석 (주은우 옮김). 한나래 1997.

Slavoj Žižek: Die Metastasen des Genießens. Sechs erotisch-politische Versuche. Passagen, Wien 1996 [3. Auflage 2016].

— 슬라보예 지젝: 향락의 전이 (이만우 옮김). 인간사랑 2002.

Slavoj Žižek: Die Pest der Phantasmen. Die Effizienz des Phantasmatischen in den neuen Medien. Passagen, Wien 1997 [2. verbesserte Auflage 1999].

— 슬라보예 지젝: 환상의 돌림병 (김종주 옮김). 인간사랑 2002.

Slavoj Žižek: Lacan. Eine Einführung. Fischer, Frankfurt/Main 2008.

— 슬라보예 지젝: HOW TO READ 라캉 (박정수 옮김). 웅진지식하우스 2007.

Slavoj Žižek: Ärger im Paradies. Vom Ende der Geschichte des Kapitalismus. Fischer, Frankfurt/Main 2015.

— 슬라보예 지젝: 자본주의에 희망은 있는가 (박준형 옮김). 문학사상 2017.

Slavoj Žižek: Der neue Klassenkampf. Die wahren Gründe für Flucht und Terror. Ullstein, Berlin 2015.

— 슬라보예 지젝: 새로운 계급투쟁. 난민과 테러의 진정한 원인 (김희상 옮김). 자음과모음 2016.

심화를 위한 추천 문헌

Slavoj Žižek: Denn sie wissen nicht, was sie tun. Genießen als ein politischer Faktor. Passagen, Wien 1994 [2. Auflage 2008].

— 슬라보예 지젝: 그들은 자기가 하는 일을 알지 못하나이다 (박정수 옮김). 인간사랑 2004.

Slavoj Žižek: Verweilen beim Negativen. Psychoanalyse und die Philosophie des deutschen Idealismus. Bd. 2. Turia + Kant, Wien 1995.

— 슬라보예 지젝: 부정적인 것과 함께 머물기. 칸트, 헤겔, 그리고 이데올로기 비판 (이성민 옮김). 도서출판 b 2007.

Slavoj Žižek: Der nie aufgehende Rest. Ein Versuch über Schelling und die damit zusammenhangenden Gegenstände. Passagen, Wien 1996.

– 슬라보예 지젝: 나눌 수 없는 잔여. 셸링과 관련된 문제들에 대한 에세이 (이재환 옮김). 도서출판 b 2010.

Slavoj Žižek: Die gnadenlose Liebe. Suhrkamp, Frankfurt/Main 2001.

– 슬라보예 지젝: 믿음에 대하여 (최생열 옮김). 동문선 2003.

Slavoj Žižek: Die Tücke des Subjekts. Suhrkamp, Frankfurt/Main 2001.

– 슬라보예 지젝: 까다로운 주체 (이성민 옮김). 도서출판 b 2005.

Slavoj Žižek: Die Puppe und der Zwerg. Das Christentum zwischen Perversion und Subversion. Suhrkamp, Frankfurt/Main 2003.

– 슬라보예 지젝: 죽은 신을 위하여. 기독교 비판 및 유물론과 신학의 문제 (김정아 옮김). 길 2007.

Slavoj Žižek: Körperlose Organe. Bausteine für eine Begegnung zwischen Deleuze und Lacan. Suhrkamp, Frankfurt/Main 2003.

– 슬라보예 지젝: 신체없는 기관. 들뢰즈와 결과들 (김지훈 외 옮김). 도서출판 b 2006.

Slavoj Žižek: Parallaxe. Suhrkamp, Frankfurt/Main 2006.

– 슬라보예 지젝: 시차적 관점 (김서영 옮김). 마티 2009.

Slavoj Žižek: Auf verlorenem Posten. Suhrkamp, Frankfurt/Main 2009.

– 슬라보예 지젝: 잃어버린 대의를 옹호하며 (박정수 옮김). 그린비 2009.

Slavoj Žižek: Weniger als nichts. Hegel und der Schatten des dialektischen Materialismus. Suhrkamp, Berlin 2014.

– 슬라보예 지젝: 헤겔 레스토랑. Less than Nothing 1 (조형준 옮김). 새물결 2013.

– 슬라보예 지젝: 라캉 카페. Less than Nothing 2 (조형준 옮김). 새물결 2013.

Slavoj Žižek: Absoluter Gegenstoß. Versuch einer Neubegründung des dialektischen Materialismus. Fischer, Frankfurt/Main 2016.

– 슬라보예 지젝: 분명 여기에 뼈 하나가 있다. 변증법적 유물론의 새로운 토대를 향하여 (정혁현 옮김). 인간사랑 2016.

선별된 2차 문헌

Rex Butler: Slavoj Žižek zur Einführung. Junius, Hamburg 2006.

Dominik Finkelde: Slavoj Žižek zwischen Lacan und Hegel. Politische Philosophie – Metapsychologie – Ethik. Turia + Kant, Wien 2009.

Reinhard Heil: Zur Aktualität von Slavoj Žižek. Einleitung in sein Werk. VS, Wiesbaden 2010.

Adrian Johnston: Badiou, Žižek, and the Political Transformations. The Cadence of Change. Northwestern University Press, Evanston/Illinois 2009.

Adrian Johnston: Žižek's Ontology. A Transcendental Materialist Theory of Subjectivity. Northwestern University Press, Evanston/Illinois 2008.

Hyun Kang Kim: Slavoj Žižek. Die Philosophie des Realen. Wilhelm Fink, UTB, Paderborn 2019.

Tony Myers: Slavoj Žižek. Routledge, London/New York 2003.

— 토니 마이어스: 누가 슬라보예 지젝을 미워하는가 (박정수 옮김). 앨피 2005.

김현강: 슬라보예 지젝. 이룸 2009. (저자의 국내 출간 저서로, 독일어판과는 상이함).

International Journal of Žižek Studies. http://Žižekstudies.org.

지음·옮김_**김현강**

김현강은 뒤셀도르프 대학의 페터 베렌스 예술대학 디자인 철학 및 미학 교수이다. 서울 연세대학교에서 독문학을 공부한 후 뒤셀도르프 및 본 대학에서 독문학과 철학을 연구했다. 2004년 본 대학교 독문학과에서 박사학위를 받고 2014년 본 대학교 철학과에서 교수자격논문을 취득했다. 2006-2015년 본 대학교 철학과에서 강의했다. 미학, 모더니즘 철학, 현대철학, 매체철학 및 디자인 이론에 대한 다수의 저작물이 있다.

그림_**안스가 로렌츠**

안스가 로렌츠는 만하임에서 살며 프리랜서 일러스트레이터로 활동한다. HGB 라이프치히와 FH Münster에서 디자인과 일러스트레이션을 공부했다. 노동운동의 역사에 대한 일러스트레이션으로 2008년 디플롬 취득(2009년 빌헬름 핑크 출판사에서 발간). 2012년부터 그는 빌헬름 핑크사의 "초보자를 위한 철학" 시리즈에서 일러스트레이션을 맡고 있다. 지금까지 테오도르 아도르노, 프리드리히 니체, 미셸 푸코, 칼 마르크스, 마르틴 하이데거, 임마누엘 칸트, 발터 벤야민, 장 자크 루소와 토마스 홉스 등이 발간되었다.

보다 자세한 정보는 다음을 참조: www.ansgarlorenz.de

옮김_**신성엽**

신성엽은 연세대학교 대학원에서 "게오르크 트라클의 절대화된 메타포와 시적 공간"에 대한 연구로 박사학위를 취득하고 전남대학교와 연세대학교에서 강의하고 있다. 뒤셀도르프 대학에서 방문학자 과정을 거친 후 문학과 미술의 상호텍스트성에 대한 연구 및 독일현대문학에 나타난 유럽의 자화상을 연구 중이다. 독일문학과 예술, 문화에 대한 다수의 논문이 있다.

슬라보예 지젝
- 입문자를 위한 철학

발행일 1쇄 2022년 10월 31일

지은이 김현강
그린이 안스가 로렌츠
옮긴이 김현강·신성엽

펴낸이 여국동

펴낸곳 도서출판 인간사랑
출판등록 1983. 1. 26. 제일-3호
주소 경기도 고양시 일산동구 백석로 108번길 60-5 2층
물류센타 경기도 고양시 일산동구 문원길 13-34(문봉동)
전화 031)901-8144(대표) | 031)907-2003(영업부)
팩스 031)905-5815
전자우편 igsr@naver.com
페이스북 http://www.facebook.com/igsrpub
블로그 http://blog.naver.com/igsr
인쇄 인성인쇄 **출력** 현대미디어 **종이** 세원지업사

ISBN 978-89-7418-614-2 03160